www.ingramcontent.com/pod-product-compliance
Lightning Source LLC
Chambersburg PA
CBHW041117120626
46547CB00019B/2746
* 9 7 9 8 8 9 3 8 9 5 6 0 5 *

NOTICE BOOK EARLY

ܒ.ܐ.ܒ

Part-2-

mixed

Call From Lord For me* نداء الرب لي

*A. SHORT HISTORY

*B. Do You know ب. هل تعلم

*C. Develop the writing تطور الكتابة * يوسف بحري بك

By Joseph E BahriBek

& Some in Arbic words. وفي عربي

*D. First Religion to Exist

E. STATES of AMERICA في أنكليزي

By Joseph-E. BahriBek

Sun Dec 3 2023

مع العزيز أنطوان وأنا في عيد ميلادنا 12 سنه

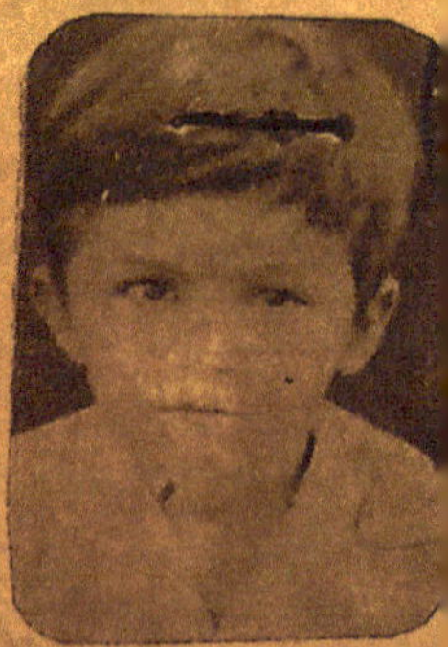

ومن أقوالي والحكم

And My Words. And My Wisdom.

Pege-73*74*

Pege-84*85

By J*E*B.

جوزيف بحري بك

Joseph-E. BahriB

ARPres
ILLUMINATING IDEAS
EMPOWERING VOICES

Copyright © 2024 by Joseph E. Bahribek

All rights reserved. No part of this publication may be reproduced, distributed, or transmitted in any form or by any means, including photocopying, recording, or other electronic or mechanical methods, without the prior written permission of the copyright owner and the publisher, except in the case of brief quotations embodied in critical reviews and certain other noncommercial uses permitted by copyright law. For permission requests,write to the publisher, addressed "Attention: Permissions Coordinator," at the address below.

ARPress
45 Dan Road Suite 5
Canton, MA 02021
www.authorreputationpress.com
Hotline: 1(888) 821-0229
Fax: 1(508) 545-7580

Ordering Information:
Quantity sales. Special discounts are available on quantity purchases by corporations, associations, and others. For details, contact the publisher at the address above.

Printed in the United States of America.

ISBN-13: Softcover 979-8-89389-560-5

Library of Congress Control Number: 2024908170

INTRODUCTION

مقدمة

Hi
Hi my dear Reader this Book
((Notes Book Early Short History
of the first of Civilization of Mankine
on Earth)) the first Existence of the
Civilization Starting in Mesopotamia.
to find What they have done in their
period, or Dynasty from their
Art Artitechtur- And from
their Writing the Low Agriculture
in the Book #1 show you that all
Life first began in the Mesopotamia
And All of the Spot of the Word
Also Will End the Life on plant the
Earth As been Writtin in the Holy
Book John Revelation in New
Testement Bible- 9:14
And Also in this book there are
Book #2. I Wrote from the first
Religions Appeared from All Spots
on the Earth Exist from their
Worshipping their OWn gods or Gods
on their brain guide them towards
Their Ideis & Mythologically and
their rutuals or faith What Ever Come
in their mine What Ever Believe
and Sure their fiath. Thank you
My God Bless all notions on the Earth
publisher: Joseph Eshoo Bahri Bek

هلو أعزائي
هلو عزيزي القارىء هذا كتاب كتاب
الملاحظات في الأولى نشوء الحضارات
على سطحنا كوكب الأرض، بدأت في الوادي
الرافدين وفي بقية بقاع أنحاء العالم
بداة أول حيات على الأرض في
وادي الرافدين وستنتهي من في وادي
الرافدين كما دونت في كتاب رؤيا يوحنا المقدس
9:14، وما عملوا في عهد الالتهم أو في عهد
أو الدور مروا بها من الفن ومن البناء
والكتابه وقانون والزراعه والخ
في هذا كتاب رقم واحد (1) يبين
لك كل هذا أول حيات بدأت في
وادي الرافدين ومنها في بقيت أنحاء
بقاع العالم، وسوف أيضاً تنتهي الحيات في
وادي الرافدين كما مذكوره أو مدونه
في كتاب رؤيا يوحنا (١٤:٩) (9:14)
في عهد الجديد، وأيضاً في هذا الكتاب
يوجد كتاب أخر كتاب رقم 2 حيث
دونت ظهور ووجود أول
أديان في بقاع أنحاء العالم على أرض
حيث ظهرت أول عبادات الآله أو
الله حسب ما يشاء عقولهم من
الخرافات وأفكار التي تبعث من عقل
وعقولهم وعباداتهم واعتقاداتهم
وأيمانهم وعباداتهم يثقون بها والخ
شكراً. والله الرب العظيم يبارك
كل أمه على الأرض وكل الأمم
مدون جوزيف أيشو بحري بك

ب *1*4* *.T*E*B* ث*ا*ع*

= مقدمه =

السلام عليكم ورحمة الله وبركاته يا إخواتي (أعزاء) والإخواني (أعزاء) الأعزاء وأبناء من الصنف البشري / ومن خط يدي أبدأ كتابتي وتدويني من هذا كتابي <-- Book-2

* (ظهور أول الأديان والعقائد والمذاهب والإيمان) على كوكبنا الأرضي منذ ظهور أول حضارات في وادي الرافدين Mesopotamia, وفي كل بقاع أنحاء العالم، حيث بدأه من التدوين بعض كلمات وكتاباتها في هذا كتاب، كتابي الذي يحتوي على عبادات أول ظهور أول عبادات وتقديس على الأرض حيث قرأه عنها في الكتب التي أحتويها في مكتباتي في البيت وسمعت عنها، حيث وأنا بدوري قررت في تأليف هذا الكتاب والكتب الأخرى مثل كتاب What the Names in the Bible mean وكتاب Weeds وكتاب آخر جزء ثاني Weed part 2 و ألبوم Weeds جزء 3 وكذلك

Notice Book Early Short History of the first of Civilization of Mankind on Earth.

سوف أكتفي في تدوين وفي أرض الله سبحانه وتعالى إذا أبقانا أحياء وسالمين أنشاء الله أدعو من ربي العالمين أن يبقيكم أحياء وحياة طويلة مليئة من رحمته وحبه وسلامه وفرحة في قلوبكم وأمادكم جميعا أمين أخواتي والأخواني في تدويني في هذا كتابي أنني لا أعارض ولا أضر أحدكم وأي أفكاركم من أي بني البشر مهما كانت هويتهم وعرقهم وديانتهم وسياساتهم وأفكاركم أنا لست عوضا القاضي الحق هو الله (سبحانه تعالى) وأنا لست أسمى دانيئال ((Daneal)) هو الله القاضي وأنما أنا مثلكم بني البشر وأسمي ((جوزيف أو يوسف)) أي أضيف دائما أضيف الأشياء التي أقتنيتها وتعلمتها من الكتب السماويه هي أعمال والحسنه الصالحه وليست غير الحسنة السيئة للأخلاقيه وأنا بدوري لا أطعن في أي بني آدم وأنما كلما سمعتها وقرأتها وحيث دونتها أنا لست ضدكم وأنا أنا معكم وأحبكم لأنكم أخواتي وأخواني، حين قرأتم هذا الكتاب وفي خط وكتابة يدي سوف تندهشون وبعضكم وإذا رأيتوا بعض الكلمات التي لا تليق بكم فكم أعذروني، أنا بدوري أقول لكم الحق أنتم بني بشر مثلي أنا لا فرق بيني وبينكم

* أمين * المدون وكاتب والمؤلف هذا الكتاب: جوزيف أيشو. برى بك بغدادي مواليد عراقي الجنسية والأمريكية أنا محوري في هذه الجنسيات وشكراً ج. أ. ب. د J. E. B.

هل تعلم

75 سؤال عن الجن والشياطين ؟ هل الجن يرى المرأه ليلاً وماذا تشعر وماذا تشعر ماهي لغة الجن ؟ قد تصاب بالجنون من حلها

١- من هي بنت إبليس التي عملت
٢- ما هو طعام الذي الذي يكره الجن ؟ التمر *
٣- ما هو أقوى نوع الجن ؟ العفاريت
٤- هل يموت قرينك بعد موتك ؟ لا يموت
٤- ماذا يحدث للشيطان حين تقول بسم الله الرحمن الرحيم ؟
يصبح يصغر
٥- ما هو صنف الجن الذي يعيش مع البشر ؟ العمار
٦- ما هو طعام الجن الكافر ؟ الأكل الذي لم تذكر عليه اسم الله
٧- ما هي الآيه التي تطرد كل أنواع الجن في لحظة واحدة ؟
الآيه كرسي
٨- كم عدد أصناف الجن ؟ 3 أصناف
٩- ما هي السوره التي تطرد الجن والسحر المعقود ؟ سوره الفلق
١٠- ما هو الفرق إبليس الشيطان والجن ؟ الشيطان من الجن الكافر
١١- هل شياطين تموت ؟ نعم تموت
١٢- ما هو القرين ؟ الشيطان
١٣- أين يذهب الشيطان لا يعلم إلا الله
١٤- ما هو معنى الإبليس ؟ ما معنى كلمة إبليس ؟ المطرود من رحمة الله
١٥- ما هي لغة الجن ؟ السوريانيه
أين يقع العرش الشيطان ؟ على البحر
١٦- كيف أنجب إبليس أولاده ؟ نكح نفسه
١٧- ما هو علم الشيطان يغوي الناس بفاحشة الزنا ؟ الأعور
١٨- متى يموت إبليس النفخة الأولى

قصص الجمل فقط حرفات

ورود بمال العودة J-E-B

هل تعلم

١٩- ماهو اسم الشيطان الذي يمنع الانسان عن الصلاة ويوسوس فيها؟ الاقيس

٢٠- ماذا كان ابليس قبل لعنه؟ خازن الجنة

٢١- ماهو اسم ابليس قبل طرده من الجنة؟ عزازيل *

٢٢- ماهو اشد اليوم على شيطان؟ يوم عرفة

٢٣- هل يعذب الجن يوم القيامة؟ نعم يعذب

٢٤- كم مرة ذكر الجن في القرآن الكريم؟ ١٩ مره

٢٥- هل الجن يتناكحون ويكون لهم ذرية؟ نعم يتناكحون

٢٦- كم عقدة يعقد الشيطان على رأس الانسان عند النوم؟ ثلاثة عقد

٢٧ هل شيطان ضعيف أم قوي؟ ضعيف

٢٨- ماهو الحيوان الذي يخاف منه الجن؟ الذئب

٢٩ هل يحاسب الجن يوم القيامة مثل الانس؟ نعم *

٣٠- متى يتصل شيطان على انسان؟ عندما يتثاوب.

٣١- ماعدد ابناء شيطان ابليس؟ 5

٣٢- هل يتبول شيطان؟ نعم *

٣٣- هل تدخل شياطين من ابواب المغلقة؟ لا تدخل.

٣٤- هل الجن مكلفين بالعبادات؟ نعم

٣٥- هل الجن يجامع النساء من الانس؟ نعم

٣٦- من هو صحابي الذي قتل بلدغة ثعبان الجن؟ شاب الأنصار

٣٧- من هو نبي الذي مسك ابليس من حنجرته؟ محمد

٣٨- ماهو الصحابي الذي يخاف منه الجن؟ عمر بن الخطاب

٣٩- من هو النبي الذي سخر الله له الجن؟ سيدنا سليمان

٤٠- ماهي صفات المشتركة بين الانسان والجن؟ العقل والادراك

٤١- ماهو سيف الشيطان؟ حب النساء

٤٢- ماهو فم الشيطان؟ شرب الخمر

٤٣- ما اسباب خلق الله للشيطان؟ تحقيق الثواب والعقاب

قصص جمال حرفات

كلها من خرافات وبعض منها *ع**ن*

[illegible] خوارق

هل تعلم

٤٥ - ما حدود سلطة الشيطان على الإنسان؟ تزيين الذنوب

٤٦ - ما هو أكثر شيء يفرح إبليس؟ التفرقة بين الزوجين.

٤٧ - ما هو أحب أولاد إبليس له؟ داسم *

٤٨ - ما هو شيطان الملقب بصاحب الكذب؟ سوط *

٤٩ - ماذا طلب إبليس من الله مقابل عبادته؟ القدرة على أغوار البشر

٥٠ - كيف يموت الجن؟ حرقا *

٥١* - ما هو غذاء الجن الكافر؟ الدم *

٥٢ - ما هو المكان المفضل لدى الجن؟ الحمام *

٥٣ - من الملك الموكل بقبض روح الجن؟ عزرائيل * "

٥٤ - ما هو غذاء الجن الكافر؟ الخور الطيبة.

٥٥ - ما هو اللون المفضل لدى إبليس؟ الأحمر *"

٥٦ - كم شيطان يلد إبليس كل يوم؟ 70 شيطانا *.

٥٧ - هل الجن والشياطين يأكلون ويشربون؟ نعم *

٥٨ - من ماذا خلق الله الجن؟ من النار *

٥٩ - من هي بنت إبليس التي علمت نساء قوم لوط وإسحاق؟ لاقيس القيس

٦٠ - ما هو شيطان الموكل بالجلب والمحبة والخلاقة؟ * أبو الزعاريع *

٦١ - ما هي الطيور التي يكرها الشيطان والجن؟ الديك وحمام *

٦٢ - ما هو الزرع التي يكرها الجن؟ الملح والفضة

٦٣ - ما هو الحيوان الذي خلق من الشيطان؟ الجمل *

٦٤ - ما هو العمل الذي يقطع إبن إبليس؟ صلة الرحم

٦٥ - ما هو الحيوان الذي أطال الشيطان؟ ثعبان موسى

٦٦ - أين يختبئ الشيطان؟ تحت أظافر البشر *

٦٧ - من هو صديق الشيطان؟ الزاني

٦٨ - هل تستطيع الشياطين تغيير شكلها إلى البشر؟ نعم تستطيع *

كلها خرافات

المعوذات تحصين للإنسان

هل تعلم

٦٩ سوره تتحدث عن غزوه حنين؟ سوره التوبة

٧٠- من هي زوجة الخليفتين وصاحبة الهجرتين ومصلية القبلتين وزوجة الشهيدين؟ أسماء بنت عميس

٧١- مرشد الرسول صلى الله عليه وسلم وأبو بكر أثناء الهجرة هو؟ عبد الله أريقط

٧٢- من هو سيف الله المسلول؟ خالد بن وليد

٧٣- ما هو صحابي الذي ورد اسمه صريحا في قرآن الكريم؟ زيد بن حارثة

٧٤- كيف يقوم الجن بالنكاح المرأه ليلا وهل تنجب أطفالا نتيجه هذه النكاح؟ هذا النوع من الجن يسمى الجن العاشق، لا تنجب أطفال

ما هو طعام الجن يحبه: العظام

٧٥- ما هو طعام الجن الذي يكره: التمر

تحصين الحوامل حرزا

---

*١- تناول كوب واحد يوميا لمده سبع أيام مكون أوص أملاح على: أعصر رمان بقشوره أشربه على الريق *

*٢- ما هو الغذاء الوحيد المتكامل حسب الدراسات؟ حليب الأم *

2- ماهو أكثر شعوب استهلاك القهوه؟

*3- ماهو اليوم خلق الله الشجر؟ يوم الإثنين *

*4- ما هو أفضل المكسرات التي ينصح بأكلها؟ الكاشو واللوز *

*5- ماهو مخلوق يحمل البيض على ظهره؟ عقرب *

6- كم عدد أحلام يقدر إنسان أن يتذكرها؟ 50/100

*٧- ما هو حيوان الذي يستخرج منه العنبر؟ حوت العنبر *

*8- ماهو حيوان الذي طرده من الجنه؟ طاووس *

9- طويل عندما يكون صغير وقصير عندما يكبر؟ الشمعه

*١٠- ما هو الحيوان الذي يبقى واقفا لساعات بعد موته؟ الفيل *

سمستهامي
آي بات Jan - 2024

هل تعلم

١- كم عدد أحبال الصوتية في جسم الإنسان؟ 4 أحبال أوتار =
٢- هل كثرة الضراط تطيل عمر الإنسان نعم حسب دراسة بريطانية *
٣- أين يبيت الشيطان في جسم الإنسان؟
في الخياشيم
٤- ماهي هو الهيكل الصغير الذي يساعد الرجل؟ الخضراوات الورقية *
ماهو الحيوان الذي لا يصيبه المرض أبداً؟ الكلان
ماهو أول من تكلم باللغة العربية؟ إسماعيل
٥- ماذا يسمى يطلق على صغير الفيل؟ الدغفل
كم عضلة في جسم الإنسان؟ 22 عضلة
٦- متى تتوقف حاسة الشم عند الإنسان؟ أثناء النوم *
٧- ماهي الدولة العربية التي تسمح بالمغارة بشكل قانوني؟ تونس *
٨- ما هي وظيفة الكلى في جسم الإنسان؟ تصفية الدم / تصفية الـ "دم
٩- ما هي بلد التي يطلق عليها أرض الشمس المشرقة؟ اليابان ✓
١٠- ما هو حيوان الذي لا يصدر الصوت؟ الزرافة
١١- من هو أول إنسان دفن على الأرض؟ هابيل *
١٢- ما هي الدول تقدم نساءها عرائس كهدية للضيوف؟ ناميبيا *
١٣- ما هي الدولة التي تمتلك نساؤها شنبين؟ ملوى *
ماهو المسجد الذي هدمه الرسول؟ المسجد الضرار
١٤- ما هي الدولة التي تسير نساؤها في شوارع عارية؟ اليابان *
١٥- ما هو أكبر مفصل في جسم الإنسان؟ مفصل الركبة
١٦- تبدو الشمس لنا صفراء غالباً لكنها في الحقيقة؟ بيضاء
١٧- ما هو لون ماء النهر النيل؟ عديم اللون
١٨- ما هي أسرع عضلة في الجسم الإنسان؟ عضلة عين / عيني *
١٩- ما هو أبرد بحر في العالم؟ بحر المتوسط *
٢٠- ما هي الدول العربية التي لا ترتدي نساؤها الـ "استيال" نهائياً *
الإمارات
٢١- على أي شيء أطلق العرب اسم الوصاد؟ التوت
٢٢- ماذا تعني كلمة أفلاطون؟ الشخص عريض الكتف *

بعض الجمل وكلمات — الأ أصدقها

هل تعلم

١- ماذا تعني الكلمة أوروبا ؟ الأرض الواسعة

٢- ماهو اليراع ؟ القلم *

٣- ماذا تعني كلمة البتول ؟ العذراء

٤- ماذا تعني كلمة الفرعون ؟ البيت الكبير *

٥- ماهي النبتة التي تعرف بـ الزعفر ؟ الأرجوان

٦- ماذا تسمى مسلخ العسكر النازية في عهد هتلر ؟ مسلخ الاوزه

٧- ما أسم المدينة التي جاء منها روميو وجوليت في قصة شكسبير فيرونا

* ٨- ماهي أندر (نادر) فصيلة دم ؟ سالب A.B.

٩- ماهي الدولة تسمح في تعدد الأزواج ؟ تونس

* ١٠- ما هو طعام الذي ينشط الذاكرة قبل ذهاب للفراش ؟ أوراق سبانخ

* ١١- ماهو السمك الذي أثبتت الدراسات أنه له مفعول عظيم لرجل (حكماً) زيت الزيتون

١٢- ماهو الحيوان الذي يكون الذكر العقيم والأنثى عقيمة ؟ بغل

١٣- ماهو الكائن الذي يستطيع الأكل والتنفس في نفس الوقت ؟ الإنسان

١٤- ما لون الشعر التي تحت النملة تلسعها ؟ لون الأبيض

١٥- ماهي الدولة التي تصوم سكانها 23 ساعة كاملة ؟ فيلندا

١٦- ماهو الحيوان الذي لا ينسى من ظلمه ؟ الجمل

١٧- ماهو أفضل طعام الى رجل والمرأة ؟ الفواكه الجافة

* ١٨- كم مرة تهز ذبابة في ثانية جناحيها 32 مرة

١٩- ماهو عضو الذي يعود للنمو بعد قطعه في جسم الانسان ؟ كبد *

٢٠- ماهو أثقل شيء في جسم الانسان ؟ الهيكل العظمي

* ٢١- ماهي الشجرة تشبه الشيطان ؟ شجرة الزقوم

* ٢٢- ماهو طعام الذي فيه الشفاء للناس ؟ عسل النحل *

* ٢٣- ماذا يسمى صوت الثعبان ؟ فحيح

٢٤- ماهي الدولة التي تملك شاطئها مهبلين أو بنما فيها مهبلين ؟ مالديف

* ٢٥- ماهي اطول سكة حديدية في عالم ؟ كندي

* ٢٦- أين وردة الوصايا الله العشرة في قرآن الكريم ؟ سورة الأنعام *

* ١٢١ - ١٥٣ *

سفيان آل بات
Jan - 2024

هل تعلم

١- أن مفتاح شرايين القلب هو زيت زيتون فيه مادة (بوليفينول - فيتامين E مضادات الأكسدة)

2- كم عضلة يملك جراد؟ 900 عضلة

3- ما هو أغلى معدن في عالم؟ الكاليفورنيوم

4- ما هي الدولة العربية التي يجتمع الأخ أخته مرة في سنة؟ بين مكارمه *

5- ما هو الشيء موجود في كل مكان؟ الهواء

6- ما معنى مستفزة؟ مضيئة ملتهبة

7- ما هي الدولة التي تسير سياراتها عاريات بالشوارع بدون كيلاسوارات: كوريا

8- ما هي ترتيب اللغة العربية بين اللغات الأكثر استخداماً: المرتبة ٤

9- ماذا ينتج عن تزاوج ذكر الحمار مع أنثى الحصان؟ البغل

١٠- لماذا تزداد وجه المرأة أشراقاً بعد زواج. بسبب هرمون السعادة

١١- هل تغادر روح جسده عند نومه. تغادر جزئياً وليست كلية *

١٢- ما هي الدولة التي تملك ثلاثة عواصم. جنوب أفريقيا

١٣- كم يبلغ المدة التي تغير فيها الجسم خلاياه؟ كل عشرة سنوات

١٤- في أي يوم خرج آدم وحواء من الجنة يوم الجمعة *

١٥- من هو الذي يمكنك أن تراه دائماً وهو لا يستطيع رؤيتك فاقد بصر

١٦- من هو نبي الذي قام بهدم الأصنام؟ هو إبراهيم

١٧- ما هو الطعام الذي يلقب بالقاتل بطيء؟ سكر

١٨- ما هو حيوان الذي يبكي عندما يشعر بالحزن؟ الفيل

١٩- ماذا كانت تسمى تونس قديماً؟ أفريقيا

٢٠- ما هي الشجرة التي ترمز السلام؟ الزيتون

٢١- ما هو المشروب الذي يعدل المزاج؟ قهوة السبيرسو

٢٢- شيء يتقدم ولا يعود ما هو؟ العمر والوقت

٢٣- ما هي ثلاثة أشياء الروحية التي تطيل في عمر الإنسان؟ *

١- الدعاء ٢- الصدقة ٣- وصلة الرحم

٢٤- ما هو الشيء الذي يتكلم كل اللغات؟ الصدى *

٢٥- ما هو فيتامين الذي نأخذه من الشمس؟ الدال (د*) (D*) *

* ١- ماهو أول شيء خلقه الله في المرأة؟ الفرج *

2- ماهو الحيوان الذي نفسط من الجنابه مثل البشر؟ الزئب

3- كم عدد الأمم التي خلقها الله؟ 1000 أمة

4- ماهو الشيء الذي لله زوج؟ الخلايا

5- ماهو مخلوق الذي خلقه الله وعظمه؟ الأنسان

6- لماذا تختلف الوان الشموع؟ بسبب أختلاف درجة حرارتها *

7- ماذا كان يطلق على ذهب قديم؟ الأصفر الرنان *

* 8- ماهو دور المخيخ في جسم الأنسان؟ المحافظة على توازن جسم

9- ماذا يفرزه الجسم الأنسان أكثر اللعاب أو العرق؟ اللعاب

١٠- ماهو وزن مثاقل الذي يحبه الرجل للمرأة؟ 70 كيلو

١١- منطقة في جسم المرأه تريد منك النظر اليها بكثرة؟ العينين

12- ماهي الفاكهه الذي أذا تناولها الرجل يوميا لن ينام قلبه لو عمر 100 عام؟ الموز وذكرت في القرآن بالطلح المنضود وهي أفضل أذا أكلت الموز يوميا في الأنتظام

١١

---

* ١- ماهي أسباب برودة المرأة بشكل المفاجيء؟ عدم الأهتمام الزوج. *

٢- ماهي نقطة ضعف المرأة؟ مدحها في جمال

٣- ماهي الدولة

* ٤- ماهو الذي يمكنك كسره حتى لو لم تلمسه؟ الوعد *

* ٥- في أي دولة عربيه يتزوج الاخ بالاخت رسميا؟ في مصر عهد من اعته

٦- كيف تستطيع التعلب ان يخفي رائحته؟ يبلل نفسه بالماء

* ٧- ماهي الدولة العربيه ختان النساء؟ مصر *

* ٨- مشروب رمضاني شهير يحارب السكر والسرطان؟ مشروب الخروب الطازج.

* Assuhurim: Descendant of Dedan son of Jokshon يقطان, one of Abraham, sons By keturh قطوره Gen: 25:1-3. تكوين: ٢٥. 9

٣

هل تعلم

*١- ما طائر الذي يرى الملائكة؟ الديك *
*٢- في أي سورة ذكره فيها أمر يأجوج ومأجوج؟ سورة الكهف *
٣- من هو الذي مشى بعد سله على الماء؟ يوشع بن نون
٤- من أول نبي ذكره في سورة هود؟ سيدنا النوح
٥- ما شجرة التي هي في النار والتي ذكرها سورة الغاشية؟ الضريع
٦- في أي شهر بدأ نزول قرآن؟ شهر رمضان
٧- ما معنى تطعوها؟ تطعوها؟ بأجمعها
٨- ما كلمة يزلقونك معناها؟ يحسدونك ليسقطوا أباك
٩- ما هو الكائن الذي ينام ثلاثة سنوات متتالية؟ الحلزون
١٠- ما هو الحيوان الذي يستخرج منه المسك؟ الغزال.
١١- ماذا يسمى بيت الدفعى؟ جحر، جحر
١٢- ما هي أقدم دولة ما هولة على الأرض؟ العراق
*١٣- ما هي الشجرة التي تنبت في قعر الجهنم؟ الزقوم *
١٤- أعلى نهاية الجبل يسمى؟ القمة
١٥- ما هو الشيء يمكن أن يشتعل بدون نار؟ الحقد *
١٦- ما هي الجزيرة التي سكانها كلها من الحيتان؟ جزيرة في
١٧- ما هي أغلى التوابل؟ الزعفران
*١٨- ما هي الدولة التي تسمى الدعارة كل حميس؟ تونس *
*١٩- ما هو مشروب أفضل لانتقاص الوزن؟ شاي أخضر *
*٢٠- ماذا يسمى الجبل الذي كلمه الله عليه موسى؟ جبل طور في سيناء مصر
٢١- ما هي أسماء أولاد فاطمة الزهراء؟
١- الحسين ٢- الحسن ٣- وأم كلثوم
٢٢- ما هو طعام التي يكرهه الجن؟ التمر هل روح ما كل؟ خرافي
٢٣- ما هو اسم الحوت الملون من عن المحيط ولا كحقه؟ القرحبه
٢٤- ما هي أكبر دولة أنتاج الخشب؟ كندا
٢٥- على أي نهر تطل مدينة حماة؟ نهر العاص
*٢٦- ما هو الطعام نبي محمد كان يحبه؟ التمر مع الماء *

ما معنى وهل تعلم

1- معنى يوغسلافيا
يوغسلافيا: الأرض التي يعيش فيها سلالة ع
يوغسلافيا: الجنوب
يوغ: الجنوب

*2- متى يبدأ شعور في الحمى: 2 و 3 سنة *

3- كم شعرة في حواجبك: أكثر من 550 شعرة

4- إلى أي فصيلة ينتمي الفستق: فصيلة الخضراوات

5- ما هو لون أصلي للجزيرة: الأرجواني

6- عمل حدادة سكين:
تأخذ ولاعتين التي تجمع الحجر الولاعة

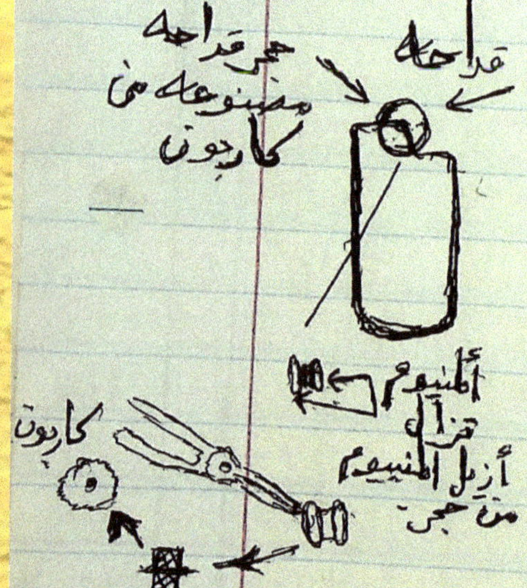

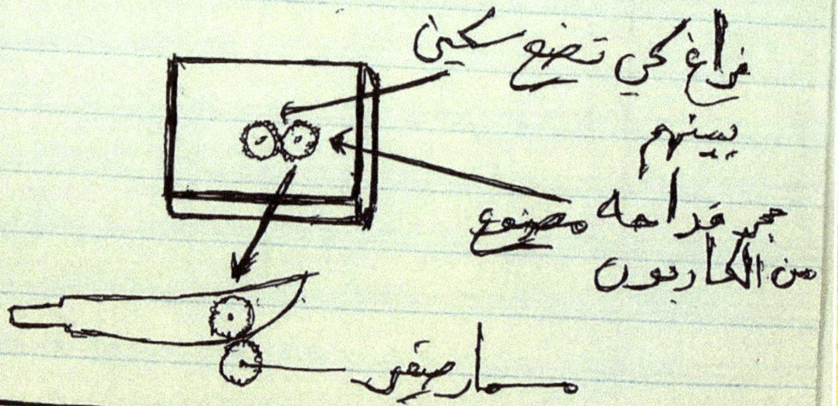

7- قرنفل (خفوش) (أي مرض)
قرنفل جيد لمفاصل والأكسدة في الجسم

*8- ما هي دولة العربية يجامع الخ أخته بالسنة واحدة: اليمن: *
اليمن: المكارمة *

*9- في أي دولة يرقص ناس مع الجثث الموتى: هي مدغشقر *

10- كم عدد ثواني في ساعة 3600 ثانية

جورنيه
Sat Feb 3 2024

هل تعلم
معناها من آيات

*1- ما معنى أم مريم؟ العابدة

*2- ما معنى أم خديجة؟ التي ولدت قبل أوانها

*3- ما معنى أم دنت؟ الشجرة حسنة المنظر

4- ما معنى أم رقية؟ الارتقاء والرقة

5- ما معنى أم سمية؟ العلو والرفعة

6- ماذا يطلق على الفضة السائلة؟ لجين

7- ما معنى أم رتاج؟ الباب العظيم

8- ما هي الأشياء اللذين سماهم الله قبل أن يولدو؟ يحيى وإسحاق

9- ما معنى أم آدم؟ أول مخلوق أو بني أرض

10- ما معنى أم العمر؟ طويل العمر

11- ما معنى أم العثمان؟ القوة والذكاء

12- ما معنى أم أنس؟ الطمأنينة

13- ما معنى أم حمزة؟ الأسد

14- ما معنى أم أدهم؟ الأسود

15- ما معنى أم الشهاب؟ أضاءة من النار

16- ما معنى أم سادن؟ طالب العلم

17- ما معنى أم مهند؟ السيف

18- ما معنى أم مرجان؟ الحجر الأبيض

19- ما معنى أم وليد؟ المولود

20- ما معنى أم شيث؟ عوض عن أو هبة الله

21- ما معنى الهود؟ الرفق

22- ما معنى السحاق؟ الضاحك

23- ما معنى حسن؟ الجميل

24- ماذا يقال لشتاء المرتبة للقرآن الكريم؟ رتال

*25- ما هو الشيء الذي يراه الجميع بشرو لديه الله؟ الحلم

26- كم عاما بين محمد ومسيح (ص)؟ 600 عام

* ملاحظة رقم 25 جواب: لا أصدق [illegible] جواب 25 الحلم

هل تعلم

١- من هو الصحابي الذي مات بسبب أنه رأى امرأة عارية؟
ثعلبة بن عبد الرحمن

٢- كم عدد أجنحة جبرائيل؟ 600 جناح؟!

٣- ما هو السبب الذي منع إبليس من السجود إلى آدم؟
هو الذي منعه هو الكبر.

٤- ما الذي فرق بين معصية آدم ومعصية إبليس لعنه الله؟
معصية آدم الشهوة (الفاكهة) ومعصية إبليس الكبر وغرور

٥- أيهما خلق الأول الإنس أو الجن أم الملائكة؟ الملائكة،

٦- ما هي الشجرة التي تشبه الشيطان؟ الزقوم

٧- من هو الصحابي الذي تزوج اثنتين من بنات الرسول؟ عثمان بن عفان

٨- أعدائك ثلاثة: عدوك وصديق عدوك وعدو صديقك: علي بن أبي طالب

٩- من هو النبي الذي يقوم في قبره؟ موسى (ليس مدونة في توراة)
هو النبي الذي حفر قبره الملائكة؟ موسى (ليس مدونة في توراة)

١٠- العشق مرض ليس فيه أجراً ولا عوض

١١- أداء الأمانة مفتاح الرزق. علي بن أبي طالب

١٢- صديقك من صدقك لا من صدقك. علي بن أبي طالب

١٣- العفاف زينة الفقر والشكر زينة الغنى. علي بن أبي طالب

*١٤- ما معنى دار البوار؟ الجهنم

*١٥- ما معنى الزاجرات؟ الملائكة

*١٦- ما معنى كلمة (الأقصى)؟ الأبعد

*١٧- لما سمي المسجد الحرام حرماً؟ لأن الله تعالى حرم
وقتل الحيوانات وقطع الأشجار عنده.

١٨- وحدة فلكية: الوحدة الفلكية الواحدة هي مسافة بين الأرض والشمس

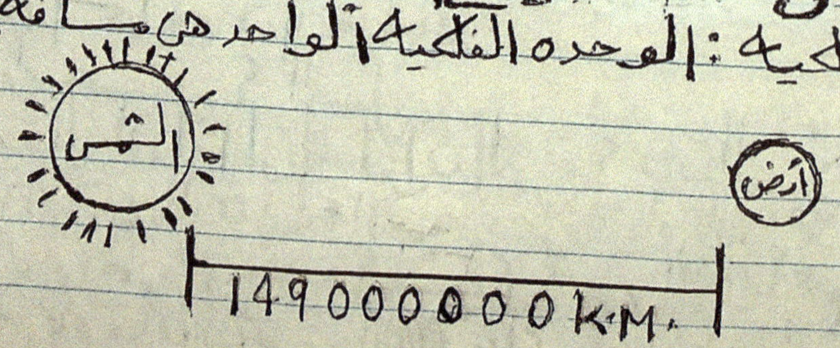

هل تعلم

أسئلة الأذكياء

سمعتها من
آي باد
Tue. Jan. 6 - 2024
1

* 1- ماهي النصرانية التي أسلمت ثم تزوجها النبي؟ ماريا القبطية،
* 2- من هي أم ابراهيم ابن الرسول؟ ماريا القبطية،
3- ماهو النبي الذي آمن به قومه؟ نبي يونس
4- ماهو الصحابي الملقب بداهية العرب؟ عمرو بن عاص
5- ماهو أول فدائي في الإسلام؟ علي بن أبي طالب
* 6- على من أنزل الزبور؟ داود،
7- ماهو العام الهجري الذي أحتفل المسلمين بعيد الفطر الأضحى العام الثاني.
8- من هو الملقب أسد الله الغالب؟ علي بن أبي طالب.
* 9- ماهي السورة القرآنية التي يبكي فيها شيطان عند سماعها؟ سورة السجدة.
10- من هم أكثر أقوام عنادًا مع أنبياءهم؟ اليهود
* 11- من هو الذي كانت تستحي منه الملائكة السماء؟ عثمان بن عفان
12- من هو النبي الذي تسبح معه الملائكة؟ نبي أيوب.
13- من هو أول من بنى السجون في الإسلام؟ علي بن أبي طالب.
14- أبوها نبي وأخوها النبي وزوجها نبي وأخوها نبي؟ سيدة ليا.
* 15- ماهي الغزوة التي وقعت في شهر الرمضان؟ غزوة البدر
* 16- ماهي أعمار أهل الجنة؟ 33 ؟ هل هذا صحيح؟!
17- ماهي مهنة نبي داود؟ حداد
* 18- ماهي السورة التي ذكرت فيها أوصاف الجن؟ *
19- ماهي اسم الناقة الرسول؟ القصواء
20- من صاحب دعاء رب لا تذرني فردًا وأنت خير الوارثين؟ زكريا
21- ماهو النبي ابن نبي ابن نبي؟ يوسف،
22- ما أقدم قصر في العالم وأين يقع؟ عمران في اليمن،
23- ماهو حيوان لسانه أطول من جسمه؟ الحرباء.
24- من هو صحابي الذي تبناه الرسول؟ زيد ابن حارثة.
25- [illegible] الأنبياء الذين لم [illegible] وجاء؟ نوح وعيسى والمسيح،

هل تعلم

26- كم كان عدد المسلمين يوم البدر؟ ثلثمائة وأربعة عشر رجلا

27- ما هي معركة التي خرج فيها النبي شج رأسه وكسرت سنه؟ أحد

28- أخت خالك وليست خالتك من تكون؟ أمك

29- أخو أبوك وليس عمك من يكون [illegible]

30- من هو النبي الذي كان يتقن التحدث مع كل كافة حيوانات؟ سليمان

31- كم كان فارق العمر بين محمد وزوجته خديجة عندما تزوجها في مكة؟ 15 عاما *

32- من أول ولد في الإسلام في أرض حبشة؟ عبد الله جعفر بن أبي طالب

33- ما هي السورة التي بكى الشيطان عندما نزلت؟ سورة الفاتحة *

34- من هو نبي الذي آمن به كل قومه؟ يونس *

35- من هو صحابي الجليل الذي عدلت شهادته شهادة الرجلين خزيمة ابن ثابت

36- أكثر طعام يحبه رسول؟ التمر والماء

37- ما هو تاريخ مولد الرسول؟ يوم الاثنين 12 ربيع الأول عام الفيل *

38- من هي والدة الرسول؟ آمنة بنت وهب *

39- ما هو والد الرسول؟ عبد الله بن عبد المطلب *

40- أين ولد الرسول؟ في مكة المكرمة *

41- الى أي قبيلة ينتمي إليها رسول؟ قبيلة القريش العدنانية

42- الى من يرجع نسبة الرسول؟ الى اسماعيل بن ابراهيم

43- ما هي أسماء زوجات الرسول؟ خديجة بنت خويلد

44- ما هي أسماء أولاد ذكور لنبي محمد؟ قاسم، عبد الله، وابراهيم

45- ما هي أسماء بنات الرسول؟ فاطمة، زينب، رقية، أم كلثوم

46- ما أسم رحلتان العظيمتان اللتان قام بها رسول؟ رحلة الإسراء والمعراج

47- ما هي رحلة الإسراء؟ هي رحلة أرضية من المسجد الحرام بمكة الى مسجد الأقصى *

48- ما هي رحلة المعراج؟ هي رحلة علوية من المسجد الأقصى الى السموات العلا *

Jan. 6-2024

سؤال: ما عدد السور قرآن الكريم ؟ 114 سوره

هذه المعلومات من القرآن الكريم ومصادر الإسلامية !

* 1- من هو النبي فقد بصره ؟ يعقوب
2- من هو الفتى الذي تزوج شقيقتين ؟ يعقوب
* 3- كيف كان هلاك قوم هود ؟ بريح صرصر عاتيه
4- من هو النبي أتى بعد نبي يوسف ؟ أيوب
5- من هو نبي الذي حبست له الشمس ؟ يوشع بن نون
* 6- متى فرض الصيام على المسلمين ؟ في ثاني من الهجره
7- الكتاب الذي أنزله على داود ؟ الزبور
8- كم نساء (أمرأة) تزوجها عمر بن خطاب ؟ سبع نسوه
9- ما هي أخر غزوة شارك فيها الرسول ؟ غزوه التبوك
10- ما هي عاصمة الشمال ؟ الدكار
11- من هو الذي خسف الله به الأرض ؟ قارون
12- ما هي المدينة التي يطلق عليها التلال ؟ روما
13- الحيوان الذي كان يحبه سليمان حباً شديداً ؟ الخيل
* 13- ما هو الحيوان الذي يصوم رمضان مثل البشر ؟ الأفعى *
* 14- ما هي السورة التي تسمى المؤمن (سورة) ؟ سوره البقرة ؟ *
* 15- كم مرة يرفع المسلمون الركاء ؟ سبعو ما *
16- ما هي قبلة المسلمين الأولى ؟ البيت المقدس
* 17- في أي يوم من ايام الاسبوع نزل القرآن ؟ يوم الاثنين *
* 18- ما هو الشهر الذي أنزل فيه القرآن الكريم ؟ شهر رمضان *
19- ما هو النبي وهو مات صغير ؟ يوحنا المعمدان
20- من هو الذي عاصر طالوت ؟ داود
21- ما هما الكريمان ؟ الحج والجهاد
22- ما هو عمل شيث ؟ واعيا
23- في زمن أي نبي عاش أهل كهف ؟ نبي عيسى
24، 25- ما هو النبي الملقب بـ ابن عريم ؟ إسماعيل
* 26- من هي اصغر زوجات النبي ؟ عائشة
27- من هو النبي عشرة الجناح ؟ موسى (ليس مدونه)
29- من هو حيوان الذي اماته الله ثم أحياه ؟ الحمار

معلومات من القرآن الكريم ومصادر الإسلامية

ي قام ببنائها ذو القرنين ؟ بناء السد

طول آدم ؟ ستون ذراعاً * حسب مصادر إسلام

ن سمى القرآن مصحفاً ؟ أبو بكر الصديق

اسم الجبل الذي رست عليه سفينة نوح ؟ الجودي

كلمة الأنفال ؟ الغنائم

مريم العذراء ؟ حنة * حسب مصادر إسلامية *

الذي كانت زوجته كافرة ؟ لوط *

الذي لقب بالصديق ؟ يوسف

أبي جهل ؟ عمرو بن هشام

ما زال حياً ؟ سيدنا المسيح

ان ؟ القوة والذكاء

ود ؟ الرفق

ه التي خطبها الرسول مرتين فرفضت الزواج من

بنت عم النبي السبب

الأول كبر سنها

الثاني لكون لديها أولاد

الذي تكلم بعد قطع رأسه ؟ يحيى *

لبث الدجال في الأرض ؟ أربعون يوماً *

الذي دفن في نهر النيل ؟ يوسف *

حواء بعد موت آدم ؟ سنة واحدة *

المخلوقات موتاً ؟ ملك الموت

موجود في الأرض وهو من جبال الجنة ؟ جبل أحد

خرج آدم وحواء من الجنة ؟ نعم

هذه مصادر كلها مصادر الأمم

المنبثقة من قرآن الكريم

الشيطان ؟ الجمل

م التي خلقها الله ؟ يوم الأحد

خلق آدم ؟ يوم الجمعة

١- ما هو المخلوق الذي يعيش يوماً واحداً؟ ذباب مايو

٢- ما هو البحر الذي لا توجد فيه أسماك فيه؟ البحر

٣- ما هو اسم الفاكهة يطلق عليه قاتل أبيه؟ الموز

٤- ما هو الشيء الذي لا يحترق في النار ولا يغرق في الماء؟ الجليد

٥- ما لون أخطبوط؟ أزرق

٦- من أخطر أنواع الأسماك؟ سمكة النفخه

٧- ما هو الثعبان الذي حاسة الشم في لسانه؟ الثعبان

٨- كم عدد ألوان القوس القزح؟ ٧ 7 ألوان

٩- ما أعلى الجبل في العالم؟ جبل أفرست

١٠- ما هو الحيوان تحول الله عصا موسى؟ الحي؟ حيه

١١- ما هي أصغر دول العربيه؟ البحرين

١٢- ما هو لون الشمس؟ أبيض

١٣- كم صفر يوجد في المليار؟ ٩ (1000,000,000)

١٤- الأنيميا هو نقص؟ الحديد

١٥- ما هو غاز يستعمل في منطاد؟ غاز الهليوم

١٦- ما هو رمز الكيميائي لذهب؟ AU

١٧- كم قارات في العالم؟ 7

١٨- كم عدد أرجل العنكبوت؟ 8

١٩- ما أسرع الحيوان بري؟ الفهد

٢٠- ما هو اسم الخاروف الصغير؟ الحمل

٢١- ما هو حيوان الذي لا ينام؟ الصدفه

٢٢- ما هو أبطأ حيوان في العالم؟ الكسلان

٢٣- ما هو طائر الذي يرمز للسلام؟ الحمامه

٢٤- ما هو أسرع حيوان في العالم؟ فهد

٢٥- ما هو أطول حيوان في عالم؟ الزرافه

٢٦- ما هو الحيوان الذي يرى من أذنيه الخفاش

ما هو حيوان الذي يصاب في خصيه؟ القرد

جوزيف

١- ما عدد آيات في قرآن 6236
٢- ماهي أقصر آيات في قرآن ؟ سوره الكوثر
٣- كم هي مده التي أستغرقها نزول قرآن على محمد 23 سنة
٤- ما اسم الجبل الذي نادى الله موسى ؟ الطور

١- ماهو الجبل الذي تكلم الله موسى ؟ جبل طور
* من هو الصحابي الذي قتلته الجن ؟ سعد ابن عباده
3- هل يلتقي الأموات في الحيات البرزخ ؟ نعم يلتقون *
4- هل يوجد بشر قبل خلق آدم ؟ لا
5- من زوجات الرسول أتهمت بالزنا وبرأها قرآن ؟ العائشة
*6- ماهو الشئ الذي تكلم الله معه قبل خلق السماوات والأرض ؟ قلم
7- أين كان الله عز وجل قبل خلق الكون ؟ في عماء ؛ عماء
*8- ماهي اللغه التي يتحدث الله بها ؟ اللغه العربيه *
*9- هل جن يدخل الجنه ؟ النعم *
*10- كيف أهلك الله قوم لوط ؟ بحجاره مسومه *
١١- كم عدد زوجات الرسول ؟ ١١
١٢- ماهو لقب حمزه بن عبد المطلب ؟ أسد
١٣- ماهو الحيوان أمر الرسول في قتله ؟ الوزغ *
١٤- ماهو الشئ الذي حرمه الرسول على نفسه فما تبه الله ؟ العسل
*١٥- ماهو النبي الذي تزوج 100 مره ؛ الجواب صحيح هو 700 أمرأه و 300 جاريه
*١٦- من هو النبي الذي مسه الشيطان ؟ أيوب ؛ جواب عائلته
*١٧- ماهو مكون الرئيسي لزجاج ؟ الرمل
١٨- من هو النبي الذي يحبه ابليس ؟ موسى
*١٩- ماهي العبادة التي عبدها محمد قبل الإسلام ؟ الحنفية ؟ *
٢٠- ماهي الغزوه التي شبع منها مقاتل الرسول ؟ غزوة
*٢١- ما معنى كلمه رمضان في اللغه العربيه ؟ الحر الشديد *
*٢٢- ماهي أفضل وقت السحور كما أخبرنا الرسول ؟ قبل الفجر *
*٢٣- ماهو الصحابي الذي كان يفطر على جماع زوجته ؟ عبد الله بن عمر *

Feb-18-2024 * اللهجه القبيله جبلو الأشوريه وهكذا

هل تعلم

1- مامعنى الأنجيل؟ معنى الأنجيل هو البشارة.

2- قايين (قاسين) cain (Cain) وكان قاسين عمله في الفلاحة. Gen: 4:1-2
معنى قايين: معنى حين قالت حواء أقتنيت رجلاً من عند الرب، يعني خشونة وقسوة

3- وكان هابيل Abel راعياً للغنم، حيث رب قبل قربان هابيل أبكار غنمه،
ولكن الرب لم يتقبل تقديم قايين للرب من ثماره. Gen. 4:2:3

4- وسأل الرب قايين cain، Cain ((أين أخوك هابيل؟ فأجاب: لا أعرف
هل أنا حارس لأخي؟ فقال الرب له ((ماذا فعلت؟ إن صوت دم أخيك
أخيك يصرخ إليّ من الأرض. Gen: 4:9-11

5- مقابلة مع زوجة أبو بكر البغدادي (أسماء عمرو) حيث قالت
في المقابلة خاصة، زوجة البغدادي (أسماء عمر) التنظيم داعش
معنى كلمة داعش هي (دولة عراق وشام) حيث قالت عوضاً
أن تكون الدولة الأسلامية كما يدعي أبو بكر البغدادي أصبحت
الدولة النسائية حيث تزوج أبو بكر البغدادي مجموعهن 4
زوجات، أثنين عراقيات وسورية وجيجانية والسبايا
اليزيديات (السبيء) صغيرات في العمر لذلك قالت هكذا
أصبحت الدولة النساء وليس دولة الأسلامية

6- أيران IRAN: كانت أيران قبل أن تكون الشيعية،
أيران كانت السنة لمدة 800 عاماً

7- كلمة خُش أدخل في كلمة اللهجة العراقية: أدخل،
وخش في اللهجة الآشورية الأثورية والقبائل الأثورية الاخرى
خُش معناها: أذهب، يا عدي قبيلة جيلو أثورية: زيلكة في
اللهجة القبيلة جيلو الأثورية وهكذا. ع * ج * ب * Feb-18-2024

سمعان من تلعفرين
Thu. Feb-22-2024

* الحديثة: تقع مدينة الحديثة غرب العراق حيث سميت باسم (حنتا*) آرامي: تعود تاريخ مدينة الى العهد الآشوري القديم والبابلي وهي كانت احدى المستوطنات قبل الاسلام؛ فعربوا اسمها آرامي القديم كان بلفظ (حنتا*) وذكر ياقوت الحموي أن مدينة كانت تضم كنيستين قبل الفتح الاسلامي أم المدينة الحاضرة وقالت بعض المصادر تعود الى أم الى أبي مدلج التميمي الذي قام ببناها واطلق اسمها الحديثة؛ تبعد الحديثة من بغداد ساعة ونصف؛ وهي واقعة على ضفاف نهر الفرات ٥٠ كيلومتر ويصفونها عروسة نهر الفرات؛ تعود أم الحديثة الى عهد آشوري وبابلي القديم باسم (حنتا*) أم آراميا؛ وكانت تعرف بالحديثة العراق

* حنتا: لغة قديمة مثل: حنتا في آشورية معناها حديثة أو جديدة.

من تلعفرين
Thu. Feb 22 2024 J.E.B

* سوق الشورجة: كان يسمى سابقاً سوق الريحانيين (Rayhanyeen) وثم سمي أستبدله سوق العطارين (Attareen) واخيراً سمي بالسوق الشورجة (shorja). ويقع سوق شورجة في محلة (shorja) شورجة؛ تعود أم الشورجة الى الدولة العباسية (ريحانيين). التي كان أسم السابق لشورجة في محلة التمارة سبب تسمية التمارة؛ التمور كان تباع فيها؟ يقول الباحث والمختص وباحث اللغة والتراث علامة مصطفى جواد (العراقي) أن أصل كلمة الشورجة جاءت من كلمة Seyrage (سيرج) هو دهن السمسم حيث كان السوق معاصر خاصة لسمسم ومن بعد حرفت بـ Sheyrage شيرج بعدها أصبحت شورجا

---

* ماهي الغزوة التي أشيع فيها مقتل رسول؟ غزوة أحد
* كم عاشت حواء بعد موت آدم؟ سنة واحدة
* لماذا لقب عيسى عليه السلام بـ (المسيح)؟ لأنه كان يمسح
* بيده على صاحب العاهة أو المرض فيبرئه الله.
* ما معنى الرمضان. ما معنى كلمة الرمضان؟ الحر الشديد

٢٠ (١)

اللغة الآرامية لغة الحضارة والدبلوماسية والعلم والدين

الحرف العربي	الحرف الآرامي	الحرف الكنعاني
ج [Guim]	[Gomal]	[Gamel]
أ [Ealef]	[Eolaf]	[aleep]
ب [Ba]	[Beth]	[Bet]
ج [Guim]	[Comal]	[Gamal]
د [dal]	[Dolath]	[Dalet]
هـ [He]	[He]	[He]

٢٢.(ج)

تكملة الحروف الأبجدية

الحرف العربي	الحرف آرامي	الحرف الكنعاني
و [Waw]	[Waw]	[Waw]
ز [zein]	[zai]	[Zayin]
ح [Ha']	Heith]	[Heit]
ط [Ta']	[Teith]	[Teit]
ى [Ya]	[Yoth]	[Yod]
ك [kaaf]	[kof]	[kaf]
ل [Laam]	[Lomath]	[Lamed]
م [Meim]	[Meim]	[Meim]
ن [Noon]	[Noon]	[Noon]

تكملة الحروف الأبجدية من صفحة 2

الحرف العربي	الحرف الارامي	حرف كنعاني
س [Sien]	[Simkath]	[Samek]
ع [ien]	[ie]	[ien]
ف [Fa]	[Fe]	[pe]
ص [Sad]	[Tsode]	[Sade]
ق [Oaaf]	[Qof]	[Qof]
ر [Raa]	[Reis]	[Res]
ش [Sein]	[Sein]	[Sein]
ت [Ta]	[Taw]	[Taw]

(٤) ·

الأرقام من واحد إلى العاشر ((١-١٠)) ((١-١٠))

1	١	[illegible] خاه	6	[illegible]	٦	إشتو
2	٢	[illegible] ترة	7	[illegible]	٧	شبعو
3	٣	[illegible] تلوثوا	8	[illegible]	٨	تمنيو
4	٤	[illegible] أربع	9	[illegible]	٩	تشعو
5	٥	[illegible] خمشو	10	[illegible]	١٠	عشرو

الأرقام لقد اقتبس الأكديين كتابة الأرقام من السومريين في المسمارية كما يلي:-

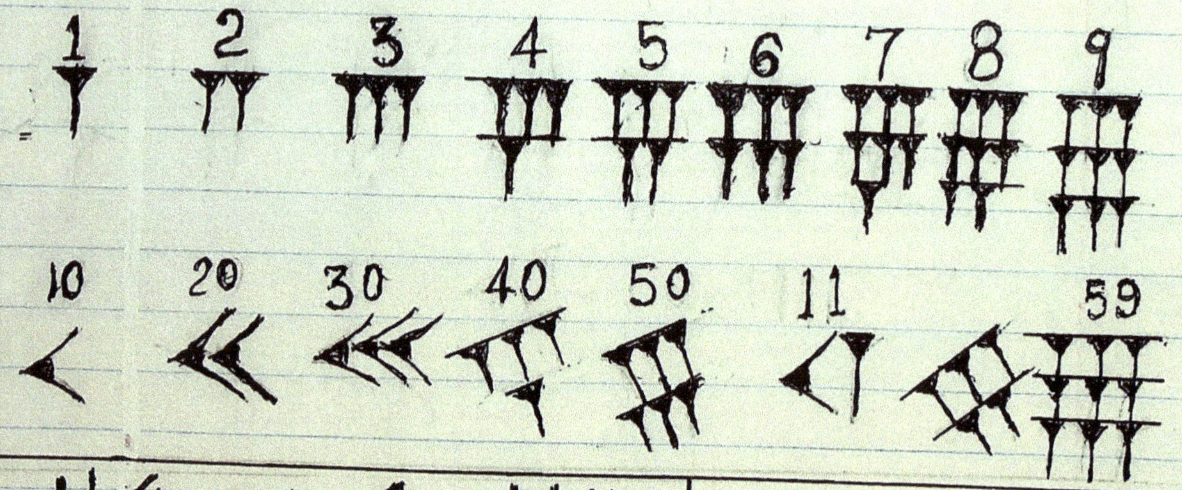

الضمائر

تشابه الكلمات الأكدية مع بقية كلمات السامية الأخرى

/anak/ : أنا / ninnu / : نحن
/atta/ : أنتَ / Attunu / : أنتم
/atti/ : أنتِ / Attuna / : أنتن
/Shu/ : هو / Shun / : هم
/Shi/ : هي / Shin / : هن

(٥)· 𒐊

𒁹	Ištēn	إشتين	five	واحد
𒈫	šinā	شينا	two	أثنان
𒐈	Salasat	شلاشت	three	ثلاثة
𒐉	Erbe(ti)	إربيت	four	أربعة
𒐊	hamšat	خامات	five	خمسة
𒐋	šeššet	ششيت	Six	ستة
𒐌	Sbbt(ti)	سشيت	Seven	سبعة
𒐍	Samanat	سامانت	eight	ثمانية
𒐎		تيشيت	nine	تسعة
𒌋	Eš(e)ret	إشيرت	Ten	عشرة

كلمات الأكديه (بعض)

أرض
Arestun
آرستوم

ثور
šurum
ثورم

* وأم كلمة city في إنكليزي هي: أصلها كلمة أكدية سستي
سستي

(٦) 𒐚

تكملة من الصفحة (5) بعض كلمات الأكدية ولفظها

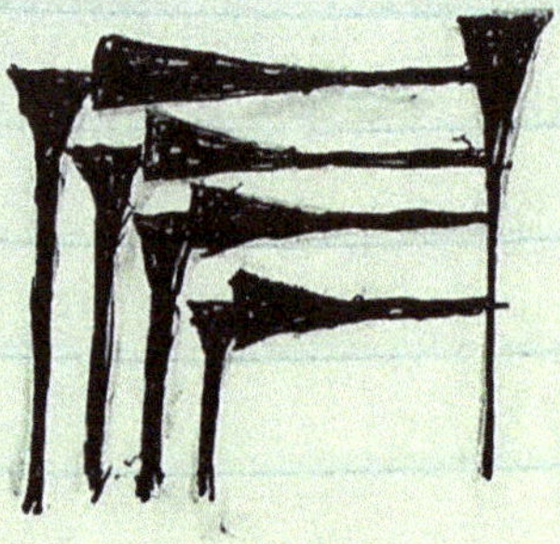

بيت / bitum
بيتا / bitam
بيت / bitem
بيتان (مثنى) / bitan
بيوت (جمع) / bitan

الكتابة الأبجدية الأوغاريتية - القرن 15 ق م

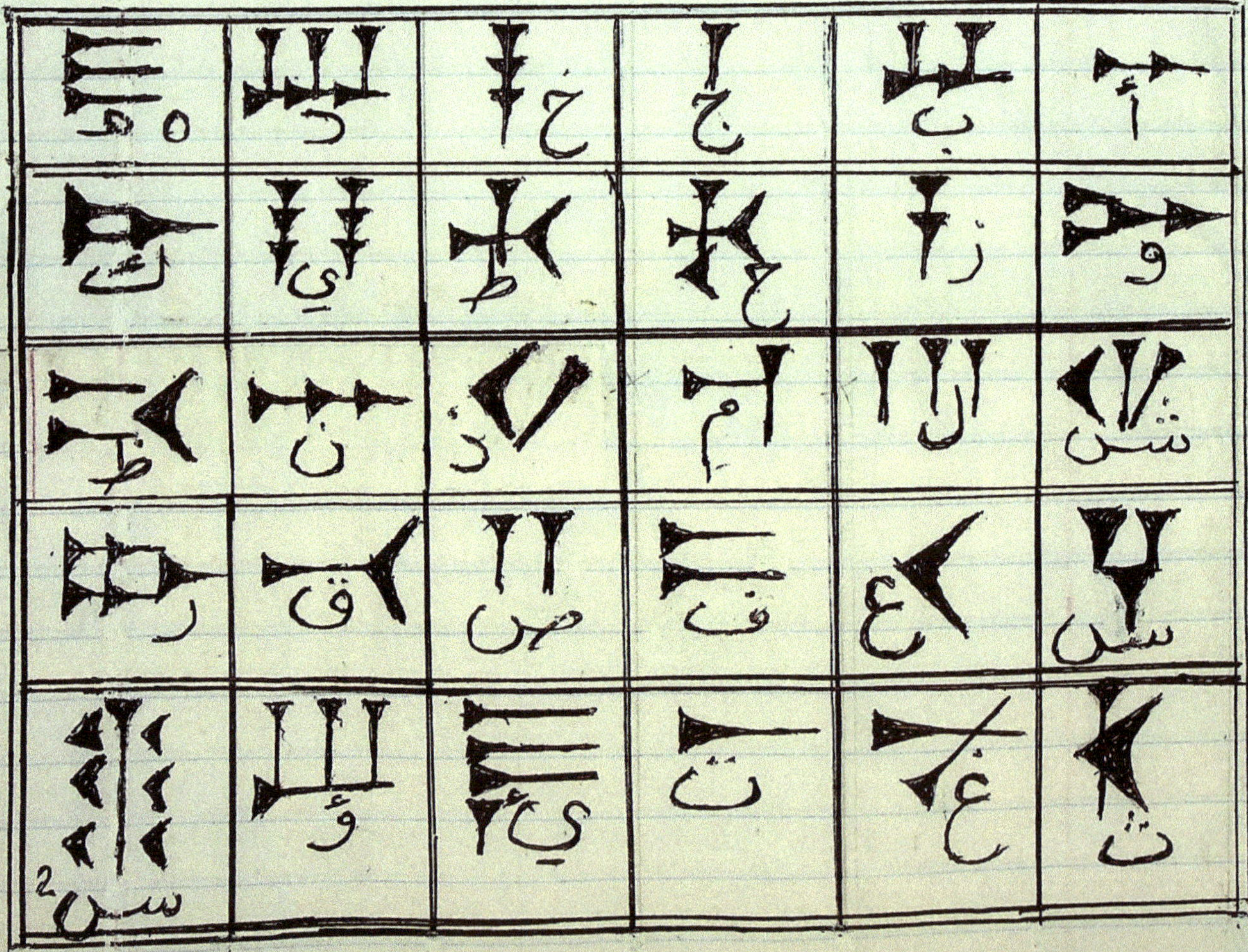

اللغة العربية نشأتها ومراحل تطورها ما قبل الإسلام

خط المسند أولى خطوط العربية الأصيلة

ألف	باء	تاء	ثاء	جيم	حاء	خاء	دال		ذال	راء	سين	سامع	شين	
ضاء	صاء	طاء	ظاء	عين	غين	فاء	قاف		كاف	لام	ميم	هاء	واو	ياء

: م ل ك ن / ملكن / (ملك)

: ع د ن / عدن / (عدن)

: ي م ن / يمن / (يمن)

: م ص ر ن / مصر / (مصرن)

(٨)

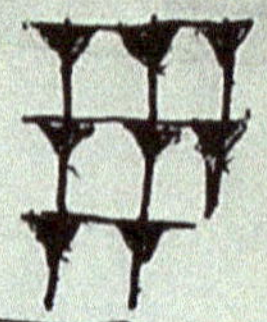

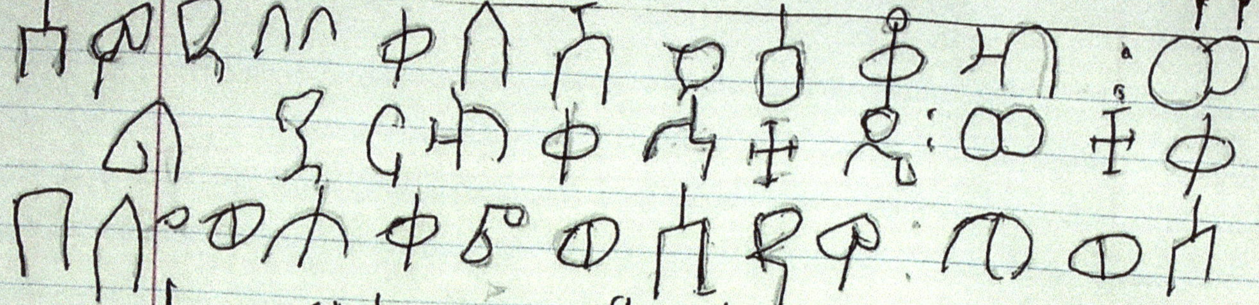

اللغه الأمريه - اللغه الرسميه لأثيوبيا

عربا معنى الصحراء ערבה

وفي يونانى يسمى Apaβia

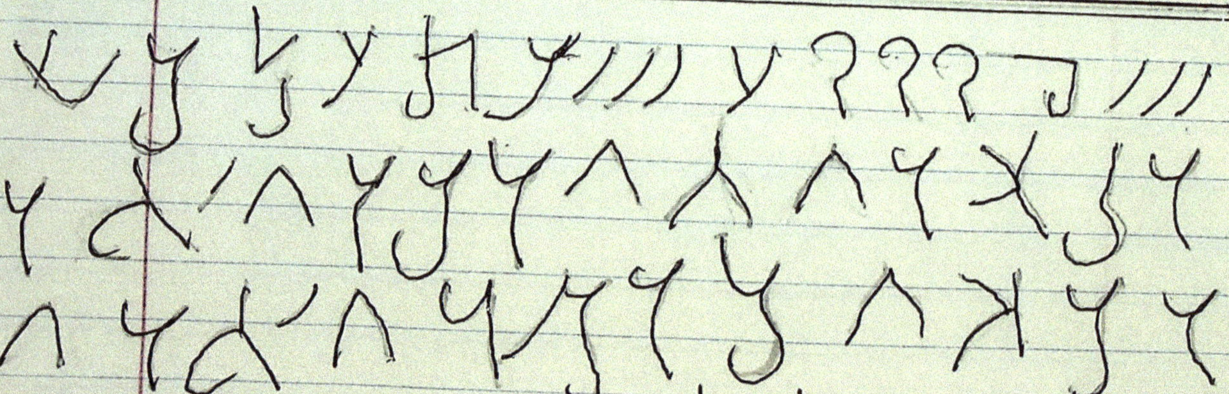

الخط التدمري

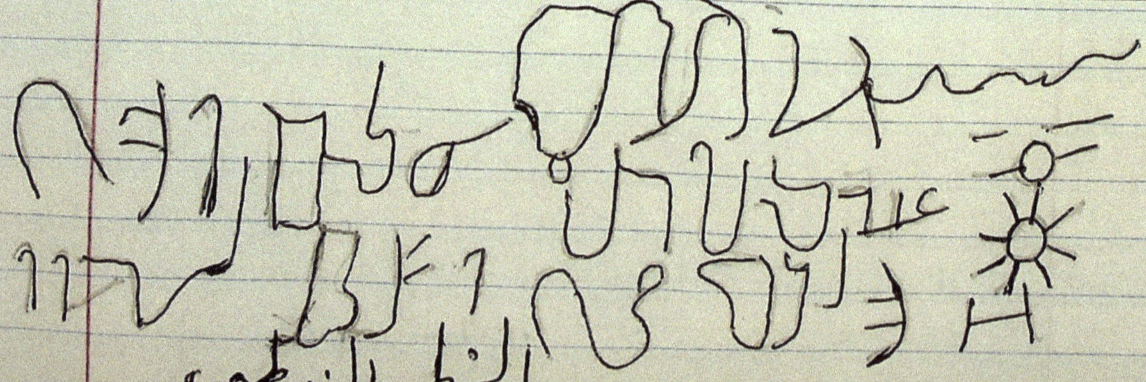

الخط النبطي

اللغه الحبشيه بنت العربيه

اللغه الحبشيه بنت العربيه: اللغه الحبشيه هي لغه أهل الحبشه، و الحبش عرب أطلق على كل قرن الافريقي وهي (أرتيريا، جيبوتي، الصومال أثيوبيا، وأجزاء من السودان) (أثيوبيا كلها)، واللغه الحبشيه القديمه تسمى (اللغه الجعزيه) ذات أصل اليمن (يمن) القديمه (سبأي يمني) (اللغه الجعزيه) التي تطورت من اللغه الجعزيه عدد اللغات وهي (اللغه التجريه) (التجرانيه) (والهراريه) (والأمهريه) وأخيراً (الأمهريه) الأمهريه هي لغه الحبشيه الحديثه (الأمهريه).

الباحثين ذكروا كما يلي

(ذهب الباحثون أن الأحباش عرب هاجروا من اليمن إلى الحبشه (أثيوبيا) (cush) قبل زمن بعيد وأن (الأجاعز) أصحاب اللغه العربيه الجعزيه وهم أقدم من هاجروا من يمن الحبشه وهم الذين كونوا دوله (أكسوم) التي كانت تتكلم بهذه اللغه كما أن قلمها الذي تشبه قلم المسند هو وليد القلم العربي الجنوبي

1- اللغه الحبشيه القديمه = الجعزيه
2- اللغه الحبشيه الحديثه = الأمهريه

كانت تسكن قبيله الأجاعز التي تنسب إليها في جبل الحجازيه التي تنسب إليها اللغه العازيه في جبل حبشه شمال حضرموت في اليمن حاليا وأكثر المؤرخين هذه القبيله هي قبيله مهرة الحبشه، أخذ اسم الحبشه من اسم قبيله الحبشه.

الإلهه :- وهي

1- آلهه معين: (عثتر، ود، نقرح).
2- الهه سبأ: عثتر، المقه، شمس
3- الهه أكسوم (الحبشيه): عثتر، براص، مدر (كلهم من الهه أكسوم)

كل هذه الالهه الذين يعبدونهم في أثيوبيا جاءوا من سبأ اليمن الالهه يعبدونهم الأحباش.

(٣٠)

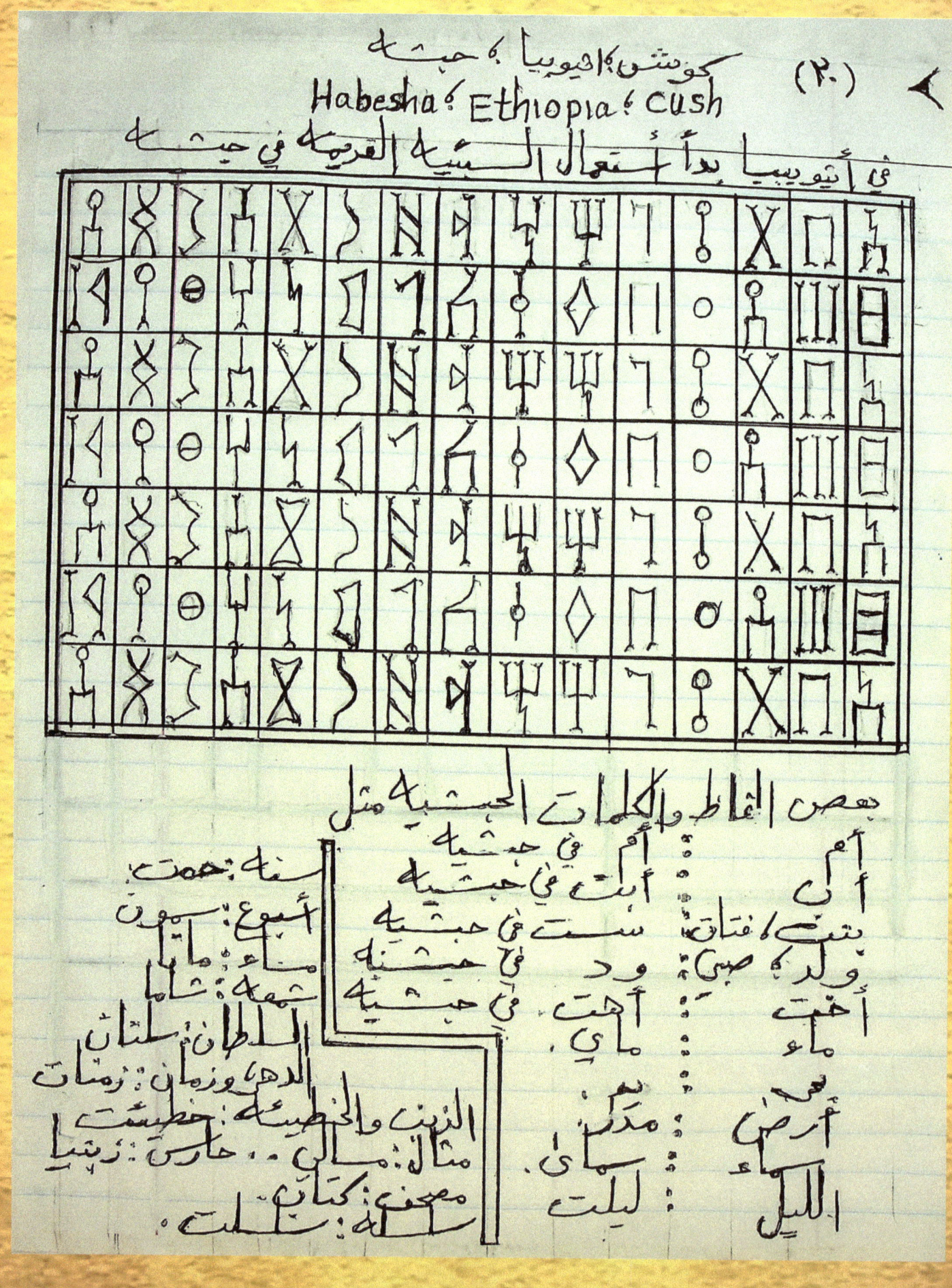

كوش، اثيوبيا، حبشة

Habesha، Ethiopia، Cush

في أثيوبيا بدأ أستعمال الحبشية القديمة في حبشة

بعض الفاظ والكلمات الحبشية مثل

أم : أم في حبشية

أب : أبت في حبشية

بنت / فتاة : ست في حبشية

ولد / صبي : ود في حبشة

أخت : أهت في حبشية

ماء : ماي.

نعم : نم

أرض : مدكر

سماء : سماي.

الليل : ليلت

سفه : حمت

أسبوع : سبون

ماء : ماما

شمعة : شاما

السلطان : سلتان

الدهر وزمان : زمانت

الذنب والخطيئة : خطيئت

مثال : مسال ، حارس : زبنيا

مصحف : كتاب

سلة : سلت

٢٧

الأرقام الحبشية cush أثيوبيا (Ethiopia)

1	١	أحدو
2	٢	كلى
3	٣	سلاس
4	٤	أربعتو
5	٥	خمستو
6	٦	سستو
7	٧	سبعو
8	٨	ثمنتو
9	٩	سعتو
10	١٠	عسرتو

30- ثلاثون ---- ثلاثة

40- أبعون ---- أربعة

50- خمسون ---- خمسة

60- ستون ---- ستة

70- سبعون ---- سبعة

80- ثمانون ---- ثمانية

90- تسعون ---- تسعة

أرقام في اللغة الحبشية حديثة

1- أنس

2- هولت

3- سوست

4- أرت

5- أمست

6- سست

7- سبست

8- ثمنت

9- زاتج

10- آسس

بعض ألفاظ الكلمات الحبشية

1- ياس : عين

2- أذن : سن

3- سن : ايد

4- لب : قلب

5- انف : أفنحا

6- أنا، أنت، أنت، نحن، أنتمو، أنتن.

7- أيتن (للغائبات تقابل هن في عربية.

8- يتو (للغائب تقابل هو في عربية.

9- يوتي (للغائبة تقابل هي في عربية.

10- أنت سمك ما نوا؟ أنت أمك من؟ ما أمك.

11- أنا سمي وليد = أنا أسمي وليد

12- تناقي : تكلم، 13- تناقري : تكلمي

14- تناقري : تكلمي وينافق : يتكلم والماضي ناقر بفتح آخره : تكلم

Ancint Greek Word Barbaross the Word Used by Latins

أطلق أسم في العهد: الموريتانيا ، أطلق يونان ، أطلق المصريين قدماء ، أطلق رومان مشوش ، أما الليبيون وعرب يطلقون اسم البربر.

أطلق أسم المازيغ.

22 الأمازيغ . Amazighs.

كما يقولون المؤرخين التاريخ الأمازيغ

أنا لم أكن مطلعاً على كل هذه الكتابات التي تثبت عروبة البربر (الأمازيغ) ولكني أقولها منطلقاً من ثقافتي العربية القديمة الواسعة ومن أطلاعي بل حفظي على ظهر القلب لمعجم العربي اللغة العربية أن عروبة هذا الشمال الأفريقي جرت معارزها طبيعية مناسبة لرتبتها الكبرى وإنما هي الروح عن قتب الروح سايرت الفطرة والعقل أعدى العقل وكان هذا الأمم التي تقطن هذه الأرض قبل اتصال بالعرب الفاتحين كانت مهيئة للأتصال بالعرب وكان وشائج من العربي كانت مخنوقة في الزمن مظهره لوقتها وكانت نائمة في تاريخ فتنبهت حينها

كما قال الشيخ محمد الأبراهيمي من الأمازيغ من علماء الأدب وأقوال المؤرخين الأخرين ((اسم البربر اسم يوناني قديم البربرس)) كما قال بها:

"قوم لهم شرف العلى من الحمير وإذا دعوا لمنونة فهم هم

لما حووا علياء كل الفضيلة غلب الحياء عليهم فتلثموا"

البربر: أحدى اللغات العربية القديمة بينها تطورت اللغة في الجزيرة ووصولاً إلى الفصحى التي سادت زمن الشعر الجاهلي باليمن وبقية شبه العربية وتحركت بنزول القرآن الكريم وكانت عموا "لغة العرب زمن الفتوحات

كما قال المؤرخ أبن خلدون

البربر: ((الحق الذي لا ينبغي التعويل على غيره في شأن البربر هو أنهم من ولد كنعان ((Son of Canaan)) بن حام Son of Ham

أبن نوح Noah؛ أسم أبيهم مازيغ؛ ((Mazighs Name of father))

وأخوانهم أركيش ((Their Brother Arkesh)) وبنو كسلوم بن مصرايم

((Casluim Son Mesraium)) . أبن حام ((Son of Ham))

كتابة الأمازيغ أسمها: تيفيناغ Tifingh ((+ƐH ƐIoY))

* القديس الأمازيغي: هو أمازيغ الجزائري: قديس أوغسطين كما قال أن أمازيغ الكنعانين الاصل.

الأمازيغ

صفحة 1
page 1

الأمازيغ؟ وماهو أصل الأمازيغ وتاريخهم؟

8:07pm ساعة

Sep-29-2023 مصادف

المدون، وسامع، وكاتب:-
جوزيف إيشو مجري بك

صفحة 2
page 2

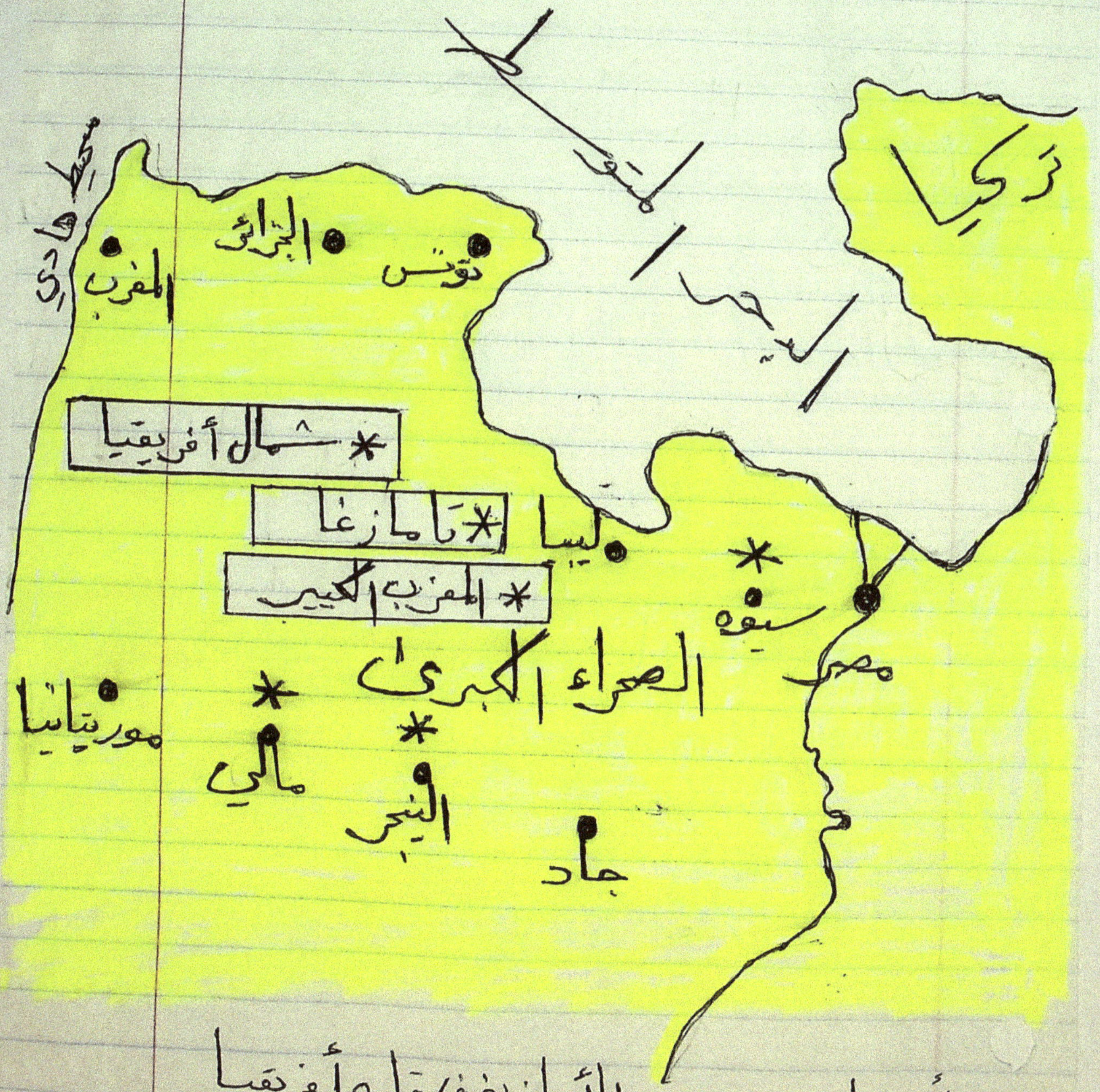

انتشار وجود الأمازيغ في قارة أفريقيا

صفحة 3
.page 3

في الجزائر
تسمى

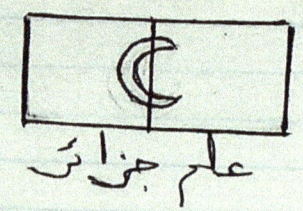

* شاوي
* قبائلي
* مزابي

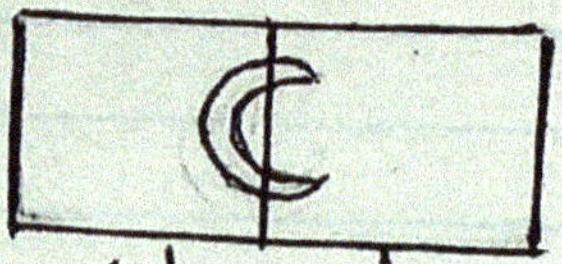

علم جزائر

وأما في المغرب
تسمى

علم المغرب

في الريف معروفين

* روافه

وفي جنوب معروفين
في

* الشلوح يسمى في هذا الاسم

لأنهم قطاع الطرق
ومرفضوا اسم الثاني

* البربر

وأما الأمازيغ في الصحراء المعروفين في

* الطوارق

صفحة 4
page 4

عدد الأمازيغ
تقرير من B.B.C.
في عام 2017م
من 20 مليون الى 50 مليون نسمه
ومصادر الأخرى تقول
32,000,00 مليون
أحصاء عام 2016

أما ديانة الأمازيغ

* أغلب مسلمين السنه
على مذهب المالكي
مع وجود نسبة مذهب الأباض

* من هم الأمازيغ؟
* أين موطنهم الأصلي؟
هل هم من شمال أفريقيا
والا من أوربا
والا من جزيرة العربية
ومن إين جاءوا

صفحة 5
page 5

* تعني أيه كلمة الأمازغية

* أيه هو نسبهم

وإلا من شعوب الهندو الأوربية

من هم الأمازغن هل هم الحامين Ham أو سامين Sam أو هندو الأوربية Indo Eurpran؟

* وأشهر الدول التي أسسها الامازيغ

أي لغة الأمازغية

أي هي قصة العلم

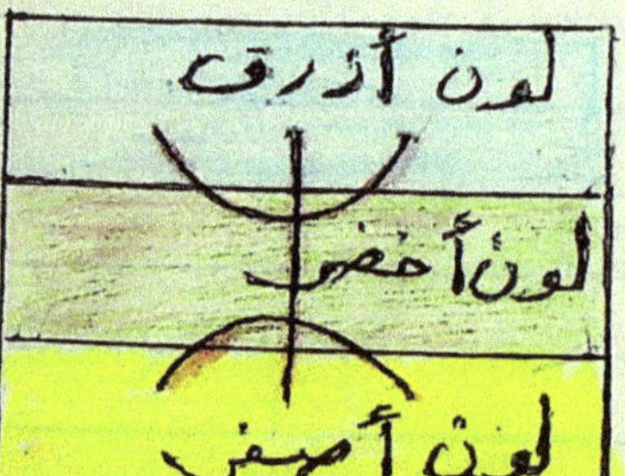

وهل يوجد عداء بين عرب و أمازيغ

* أي هو موطن الأصلي للأمازيغ

*Anthology: مقتطفات أدبية مختارة
*Archaeology: علم الأثار
*-Logy: لاحقة معناها: تعبير شفهي أو كتابي

الرواية الأولى: محمد شفيق كتابه

وقد عمل بعد خلال الأربعين سنة الأخيرة على استغلال الأمكانيات الأركيولوجية* والانتروبولوجية* واللسانية في بحث على أصل الامازيغي أو عن أصل المقارنة على الأصح. والنتائج الأولى التي أوصلت إليها العموق أن سكان أفريقيه الشمالية الحالين في جملتهم لهم صلة وثيقة بالانسان الذي أستقر بهذا الديار منذ ما قبل التاريخ أي منذ ما قرب 9:000 سنة من جهة وأن المد البشري في هذه المنطقة،

المصدر: كتاب ثلاثة وثلاثين قرن من تاريخ الأمازيغي

صفحه 6
page 6

تكمله من صفحه (5)

وبناء على هذا يمكن القول أن من العبث أن يبحث «عن مواطن أصليه عن التي نشأوا فيها منذ ما يقرب من مائة قرن ومن تكلف ذلك البحث يستوجب على نفسه أن يطبقه في التماس» مواطن الأصليه (الصينين) مثلا أو الهنود الهند والسند أو لقوماء المصريين أو اليابانيين أنفسهم والعرب كافه؟ لنعلم من أين جاءوا الى الجزيره العرب. وكل ما يمكن تأكيده،

المصدر: كتاب ثلاثه والثلاثين قرن تاريخ الامازيغين

الموطن الاصلي لـ أمازيغ شمال أفريقيا

* الروايه الثانيه

أبن الخلدون

يقول

الحق الذى لا ينبغى التعويل على غيره في شأنهم أنهم من ولد كنعان بن حام بن نوح كما تقدم في أنساب الخليقه وأن أسم أبيهم هو مازيغ
Noah Ham

المصدر: كتاب العبر وديوان المبتدأ والخبر

* أو موطنهم أصلي هو شبه جزيره العربيه

* كما قال كاتب عثمان الكعاك

الامازيغ قد جاءوا من شبه جزيره العربيه خاصتاً منها اليمن (السبه)

* قد ينسب الأمازيغ الى

* الفالين وقبائل الوندال

والروايه الأخرى الأمازيغ قد جاءوا من الهند

(٤٠)

* الرواية الرابعة

كاتب: الدين المناصرة

قال كاتب عز الدين الأمازيغ موطنهم هو بلاد الشام ومنهم رحلوا إلى شمال أفريقيا

* الرواية الخامسة

يقولون موطنهم هو بلاد الشام رحلوا إلى شمال أفريقيا

* الأمازيغ قد جاءوا من آسيا وأوربا وأفريقيا وقد رحلوا إلى شمال أفريقيا وأنها جموع البعض

* في خلاف على الموطن الأصلي للأمازيغ

* شمال أفريقيا

* الجزيرة العربية

* الهند وأوربا

* بلاد شام

* شعوب من أفريقيا وآسيا وأوربا

* ما معنى كلمة الأمازيغ

* أمازيغ ← الإنسان الحر النبيل

* أمازيغ ← Mazyes

جاءت من كلمة Mazy s كلمة يونانية أطلق على شمال الناس يعيشون في شمال أفريقيا غرب مصر إلى محيط الأطلسي

من هم الأمازيغ وما هو نسبهم

صفحة 8
page 8

وتوجد قبائل أخرى قد رحلو هم

* قبائل التحنو التمحو

كانوا في نقوش الفرعونية قبل 2700 ق.م
القبائل التحنوا والتمحو الأمازيغية على
النقوش الفرعونية 2700 ق.م

* المشوش

والمعروفين في الليبو

* الليبو

أطلقوا اسم الأمازيغ اسم

ابن خلدون

* بربر

* بربر ← بربرة

* بربرة ← الكلام غير مفهوم

لذلك أطلقوا عليهم لأنهم لم يفهموا كلام
الأمازيغ

* لم يجد في كل مصادر القديمة اسم بربر كاسم أثني
الأهل شمال أفريقيا قد اعتبر ابن خلدون هذه
الكلمة عربية مصدرها بربر الكلام غير مفهوم وهي
بذلك لا علاقة لها بالكلمة الأغريقية Barbaroi
والحال أن التصنيف اللغوي له وجود عند العرب فهم
الذين سموا الفرس عجما" أي الذين لا يفهم كلامهم
بالعجماوات

المصدر: كتاب الأمازيغ عبر التاريخ

صفحة 9
page 9

* الدول التي أسسها قادة أمازيغ

دولة المرابطين
* دولة الموحدين
* دولة المرينية
* دولة الوطاسية
* دولة الزيريون
* دولة الحفصية
* بنو حماد
* سلطنة أغادين

* سلطنة بني عباس
* مملكة تلمسان
* أمارة كوكو
* أمارة إيليغ
* دولة بنو مترل
* أمارة بنو خرسان
* الدولة المغراوية
* الدولة اليفرنية

* أمارة بنو عصام
* مملكة أودغست
* دولة بنو مدرار
* دولة البورغواطية
* مملكة أكستيلا
* دولة بنو خزر

ما هي لغة الأمازيغ؟
وما هي دياناتهم والمعتقدات
التي أعتنقوها؟
أي أشهر قبائلهم الأمازيغية

* اللغات الأفرأسيوية

الأمازيغية
الكوشية
المصرية
التشادية
السامية

الموشية: كانت من الأبجدية اليتيقتاع
تتكون من 33 حرف
اللغة الأمازيغية: صنفتها

* مغاراتع الفرنسية

* الأكاديمية البربرية 1966 م

كما يقول عمرو هوليدي

اللغة الامازغية صنعتها فرنسا الاستعمارية صفحة ١٠
page 10
إلى مكاتبها الاستعمارية

* أي هي ديانات والمعتقدات
التي أعتنقها الامازيغ على مر تاريخ

* الألهه والديانات التي أعتنقها الامازيغ

جوون
تانيت
أطلس
عنتي
ويوسيدون
ومن ثم أعتنقوا

اليهوديه	المسيحيه	الإسلام

* أغلب الأمازيغ مسلمين السنة
على المذهب المالكي
مع وجود نسبة المذهب الاباضي

* المذهب الشيعي
* المذهب السنية
* الأمازيغ * الأمازيغ
أشهر القبائل الأمازيغية

الأمازيغ
↓
مازيغ
↓
البتر | البرانس

صفحة 11
page11

* أشهر قبائل الأمازيغ

1- صنهاجة	6- لواتة	11- عجيسة	16- نفوسة
2- مصمودة	7- كتامة	12- واوريغة	17- لماية
3- أوربة	8- أزداجة	13- لطة	18- مكناسة
4- زناتة	9- هسكورة	14- هوارة	19- مطغرة
5- نفزة	10- جزولة	15- وزواوة	20- مزاتة

* أي أشهر الشخصيات الأمازيغية

1- طارق بن زياد. 2- يوسف بن تاشفين 3- عباس بن فرناس. 4- ابن رشد 5- ابن البيطار. 6- ابن بطوطة
7- محمد عبد الكريم الخطابي. 8- يحيى بن عبد المعطي
9- أبو قاسم الرباني 10- ابن أجروم 11- محمد بن تومرت

التقويم الخاص بالأمازيغ
وأي هو علم الخاص بالامازيغ
التقويم الأمازيغي يسبق التقويم الميلادي 950 سنة
((ملاحظة آدم عاش 950 سنة))
في عام 950 ربع ملك الامازيغي في المصر لذلك بدأ تقويم الامازيغي.

العلم الامازيغي

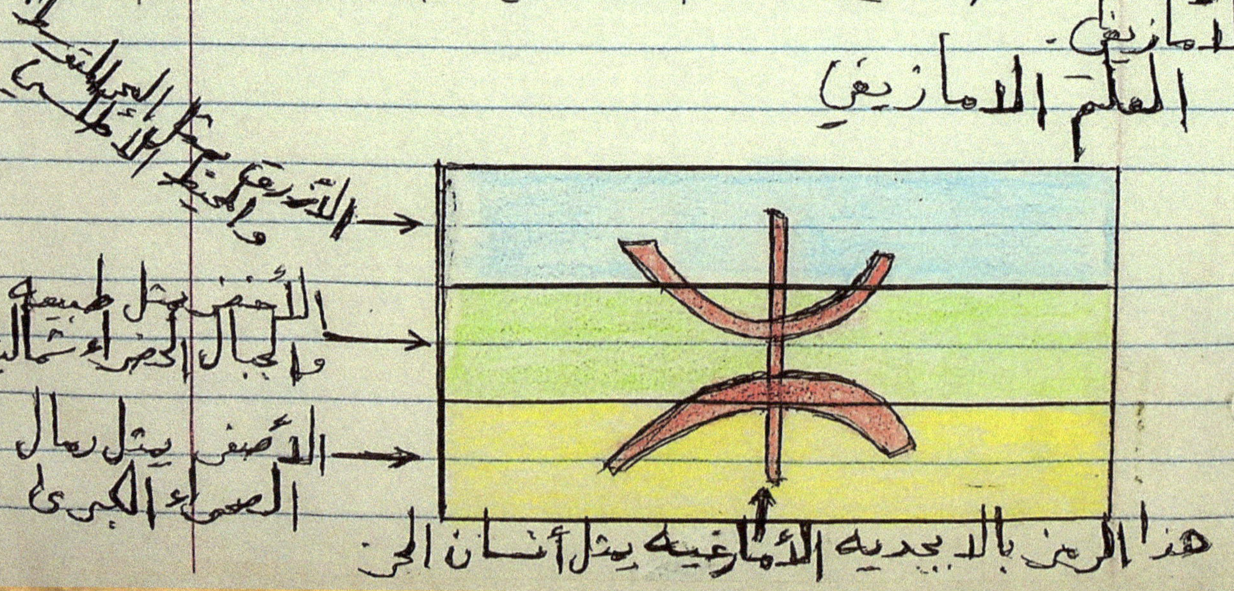

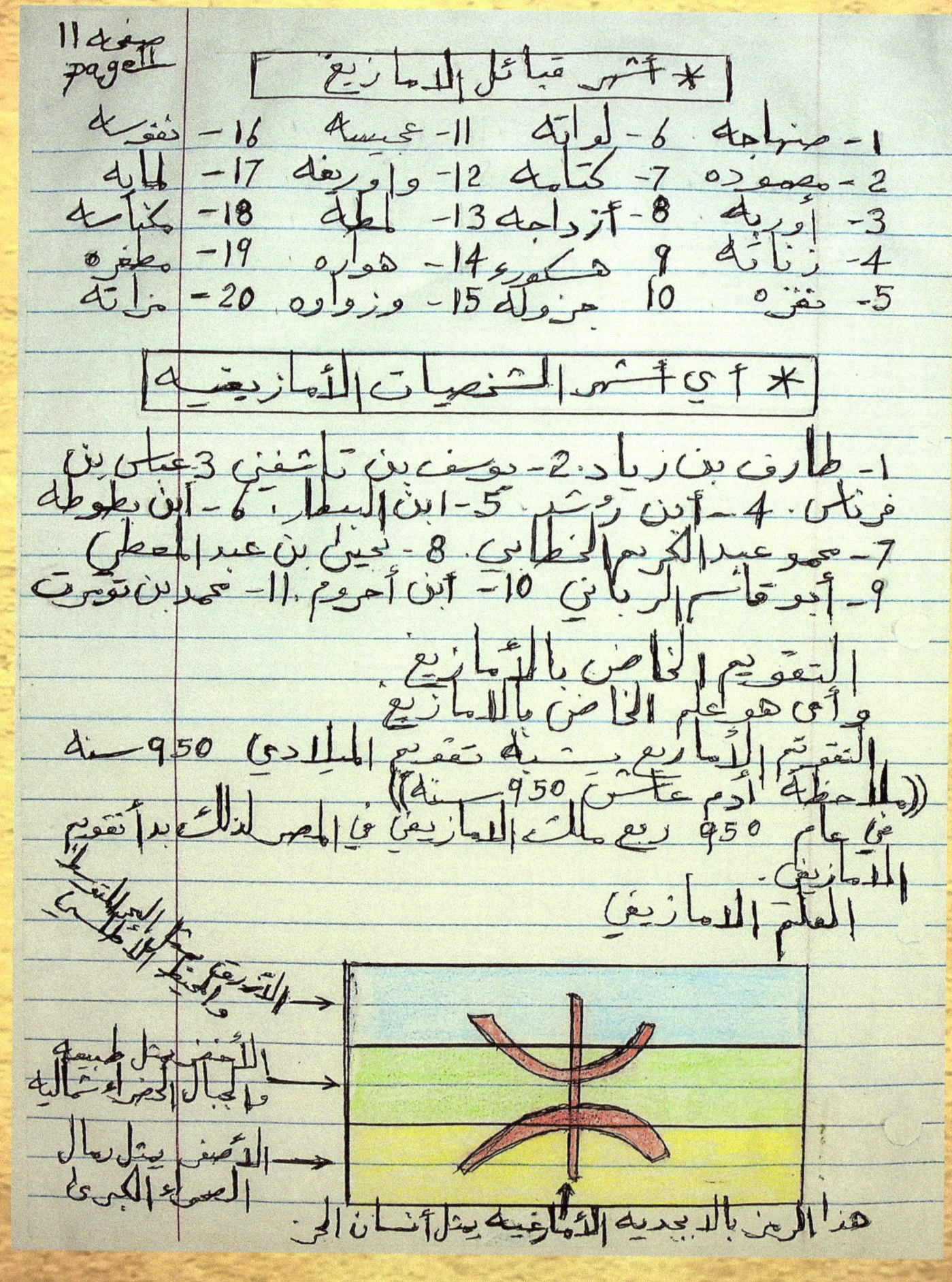

الأحرف الأبجدية للأمازيغ

دونتها في
Thu. oct. 26 - 2023م

مين الناس عاشوا
في مصر قبل فراعنة ؟؟؟
أنتي كانت مصر عصرها

J* E* B*

السلالات قبل فراعنة في مصر :-

السلالات قبل الفراعنة :-

قبل الميلاد 3200

عصور ما قبل التاريخ قبل فرعون
وعصور ما بعد التاريخ الفرعون
ماهي عصور ما قبل التاريخ
١- العصر الحجري القديم
٢- العصر الوسيط
٣- العصر الحديث
العصر الحجري القديم ق.م. 100000 (مائة ألف سنة)
وغير مستقرة الحياة فيها.
في وادي حلفا
الصناعة العاترية 40000 ق.م
ثقافة خور موسى 40000 ق.م
بدأ صناعة ملابسه من جلود الحيوانات
العصر الحجري الوسيط
١- حضارة حلفا 180000 - 15000 قبل ميلاد
٢- الحضارة القادانه 13000 - 9000 ق.م
٣- الحضارة السبيلية الحي تفنه
العصر الحجري الحديث 1000 ق.م
تكوين القرى 6000 - 10000 ق.م
حضارة مرمدة بني سلامة 5000 - 4200 ق.م
حضارة المعادي حضارة العمري 4000 ق.م
حضارة دير تاسا حضارة البداري 4400 - 4000 ق.م
حضارة نقادة 4000 - 3200 ق.م.

خط المسند يمني
حروف المسند على مزخرف زبور
عربي
الفاصل بين الكلمات
Portugal
Lisbon
Madrid
Spain
Tunis
Greece
Athens
Αθήνα
Libya
Mauritania
Mali
Bamako
Burkina Faso
Benin
Guinea
Eritrea
Yemen
Djibouti
البربر
العرب

وكذلك في بلاد الشام . يتكلمون كلمات كثيرة ليست بالفصحى بل من السريانية القديمة .. ومع ذلك .. لم ينبشوا الابجدية السريانية القديمة .. ويضعوها في قاموس ويطالبوا ان تصبح لغة رسمية جانب العربية ..ومتابع المسلسلات السورية يرى كم المفردات الدخيلة

السريانية	العربية	السريانية	العربية
براني	الخارج	فشر	كذب
سفله	غوغاء الناس	قرمه	اصل الشجر
جواني	الداخل	صفف	رتب
كوى	احرق	دعك	عجن
دكر	ذكر	كمش	قبض
دبق	لصق	شقف	هشم
واوا	وجع	نهش	عض
زفر	قذر	فار	احتد
طرش	لطخ	اتغندر	تمايل في مشي
طاسه	وعاء	الداليه	كرمة العنب
منيح	حسن	شبط	ضرب
محبوكه	مخلوط	حرَيف	حاذق
منتوش	ممزق	شلح	نزع نيابه

قناة أحمد عصيد

لماذا اعتنق الامازيغ المسيحية؟

المرحلة المسيحية في شمال الافريقية مهمة جدا بالنسبة
الامازيغ أنهم تمسحوا لتشكل مقاومة لماذا؟ لانه بالنسبة
الى الامازيغ الامازيغ دائما يعتنقون الاديان هي معارضة
لخصومهم فعندما كانت روما في بداية العصر المسيحي تضطهد
المسيحيين وتقتلهم اعتنق الامازيغ المسيحية ضدا في
روما كانوا يقاومون روما الرومانية وهذه المرحلة عرفة
قرون طويلة من مقاومة الشديدة ضد استيطان الروماني
في شمال افريقيا ضد امبراطورية العظمى في التاريخ القديم
التي كانت تفرض كل بقاع الارض في ذلك الوقت فاشتهروا
الملوك الامازيغ بمقاومتهم لغزو الروماني ومنهم:
ماسينيسا: الملك الامازيغي الذي حارب الجميع
الذي حاول يوحد افريقيا ومنهم يوغرطة الملك الامازيغي
الذي عرض روما للبيع أو مقاومة روما 30 سنة أرخه
المؤرخ أحد المؤرخين القداما وهو سالوست في كتابه:

المؤرخين القدامى

غايس كرسبوس ق.م

حرب يوغرطة

(BELLUM JUGURTHUNUM)

ومنهم الملك يوبا الأول والملك يوبا الثاني
الذي اشتهر في العلم كان ملكا عالما وكان يؤلف الكتب في مختلف
العلوم في عصره ويكتب في اليونانية القديمة واللاتينية وتزوج
الى ابنة كليوباترا التي تسمى كليوباترا السيلين
وهي زوجة الملك يوبا الثاني ابنها بطليموس
من الملوك الامازيغ كذلك وهو معروف في تاريخ
شمال افريقيا كان فيها المقاومون يعتنقون الديانة المسيحية
أيديولوجيا المقاومة لروما وبعد القرن الثالث الميلادي تبنت روما
المسيحية نفسها فانقلب الامازيغ الدوناتية ((دين الفقراء)) ←

الدوناتية "دين فقراء" أخرجه الأمازيغ من الرحم المسيحية
بمعنى الكلمة الأمازيغ اخترعوا مذهبا مقاوما للرومان
وظهروا في هذه المرحلة علماء الكبار اللاهوت المسيحي وهم
الأمازيغ ومن أشهرهم هو سانت أوغستين وهو من آباء البابا
من نظّر المسيحية الأعمق كثيرا وكان من أبناء شمال أفريقيا
الأمازيغي ، أول رواية في الأدب العالمي هي تحولات الجحش
الذهبي والتي كتبها الذي كتبها الكاتب أبوليوس مكتوبة في
(اللاتينية)
الأمازيغ المسيحية أبدعوا في المسيحية سواء المسيحية الرسمية
أو المسيحية المعارضة وكانوا ثوار كثيرون ظهروا ضد الرومان
وضد البيزنطينية وعلى مدى 600 عام التي تفصل بين ميلاد
المسيح وبين بداية التأريخ الإسلامي
قبل ذلك حيث أسس الأمازيغ مذهبا يدعو التوحيد "
دوناتوس القس الأمازيغي الذي حارب الرومان 40 عاما."
كما بعض الأمازيغ يستعملون الرموز المسيحية كالصليب T
+ أو يستعملون أسم بابا وبادوله ... تقاليد أمازيغية المسيحية.

القديس أوغسطين قال أن الأمازيغ
كنعانيو الأصل

من هم العرب

من هم العرب ومن أين جاء العرب؟ وهل اليمن أصل عرب
أكثر عرب موجودين في منطقة العربية 453 مليون أحصاء 2022
نسبة الأديان التي يعتنقها العرب
الإسلام 90٪
المسيحية 6٪
ديانات الأخرى 4٪
من هم العرب؟ * أين موطنهم؟ * ومن هو أول عربي
ومن هي القبائل العربية؟
* اليمنيين هم أصل العرب * أين هي الممالك والدول التي أسسها العرب؟
* سبب ارتداء العرب للزي العربي؟
لماذا العرب سموا باسم العرب * ما يعني كلمة العرب
* أن كلمة العرب مشتقة ← يعرب
* يفصح الحديث
* وضح الكلام
* الرواية الثانية * سمي العرب عربا نسبة بلدهم
إلى بلدهم ← العربات وعربة هي مكة
* الرواية الثالثة * سمي العرب على نسبة ← يعرب
بن قحطان، وقحطان بن هود (كما ينسبون المؤرخين؟)
* الرواية الرابعة
* كلمة عرب مشتقة سامية قديمة بمعنى ← العرب
* أول مرة يذكر فيها كلمة عرب كانت في نص آشوري
قديم عام 853؟ (٨٥٣)
* من هم العرب؟ * أين هو نسبهم؟ * أنه أول قبائل عربية؟
* العرب العاربة
* عرب جنوب الجزيرة العربية
* القحطانيين
* اليمنيين

من هم العرب؟ Arab

- مضر
  - ↓ قبائل قيس
  - ↓ قبائل تميم
  - ↓ قبائل هذيل
  - ↓ قبائل كنانة
  - ↓ قبائل قريش ← بني محمد

- ربيعة
  - ↓ قبائل بكر
  - ↓ قبائل تغلب

* عرب المستعربة
* عرب شمال الجزيرة العربية
* الحجازيين
* العدنانيين
* النزارية
* القيسية

* طبقات العرب وفقاً الرواية الأولى

* العرب البائدة
* العرب الأصليين

* العرب العاربة
* القحطانيين
* اليمن
  ↓ قحطان

* العرب المستعربة
* العدنانيين
* الحجازيين
  ↓ إسماعيل

* وفقاً الرواية الأولى
* اليمن التي منها قحطان أصل العرب
* الرواية الثانية

* يعرب بن قحطان * قحطان بن إسماعيل أول من تكلم اللغة العربية

من هم عرب؟ Arabs

* قبيلة أسلم
* قبيلة الأزاصات

* قبائل اليمنية
* نسب قبيلة أسلم * أسلم بن أقصى بن عامر بن قمعة بن الياس بن مضر
* طبقات العرب
* عرب البائدة * عرب باقية

قحطانيين حجازيين

* طبقات العرب
* عرب العاربة * عرب مستعربة * عرب تابعين * عرب مستعجمة

العدنانيين
الأوس
الخزرج
الغساسنة
المناذرة

* لغات عرب الجنوب اليمن
* السبئية * الحميرية * المعينية * القتبانية
* لغات عرب الشمالية
* الثمودية * اللحيانية * الصفائية * الديانية
* تزوج إسماعيل من قبيلة جرهم الثانية * من رعلة جرهمية
خلف إسماعيل من زوجته رعلة: نابت، قيدار، أدبئيل، مبسم، مسمع
ماس، دوما، أزر، يطور، نبش، طيما، نفيس
* قبيلة جرهم هي تحكم المكة
* قبيلة بنو بكر وقبيلة خزاعة تحاربوا ضد قبيلة الجرهم الثانية
* عمرو بن لحي أدخل أصنام إلى مكة حوالي 665 صنم (٦٦٥ صنم)
* أشهر أصنام: هبل * اللات * العزى * مناة
* مع وجود الأديان: يهودية، مسيحية، الحنفية، مجوسية، دهرية، طوطمية
عبادة الأسلاف، الأرواحية، الكواكبية

الولايات الأمريكية.
State of America.

1-Delaware. ١- دِلوّر.

December 7-1787 de-Lawrr أ حاكم

Name for Baron de La Warr, English governor of Virginia.

* Thomas Edison Was one of the three Judges

*Dover. عاصمة: دوفر

2-Pennsylvania. ٢-بنسلفانيا Dec. 12-1787

Name for Adm Sir William penn and the latin silva.

Silva, meaning "Woodland", December 12-1787.

أم حله من أدم سير وليم پين؛ في اللاتينية سلفا

*Harrisburg معنى (SiLva) أراضي الغابات

3-New Jersey. ٣- نيوجرسي

December 18-1787

Nam for the Channel (Isle) of deresy in Englind

+ اسم جاء إلى قناة (Isle) في إنكلترى

* first nearly Complet dinosur Seleton Was fond there in 1858. اكتشاف هيكل عظمي لدانيوري في ١٨٥٨

*Trenton. * عاصمة ترنتون.

4-Georgia. ٤- جورجيا

January. 2-1788

Named for EngLind's king. + اسم نسبة باسم ملك أنكلترى.

*Civil right Activist & Atlanta native.

Martin Luther king Jr. Was born Michael Martin Luther king he Was renamed When he Was Six.

* Atlanta *أطلنطا العاصمة

تكملة الولايات الأمريكية U.S.A. أوربا

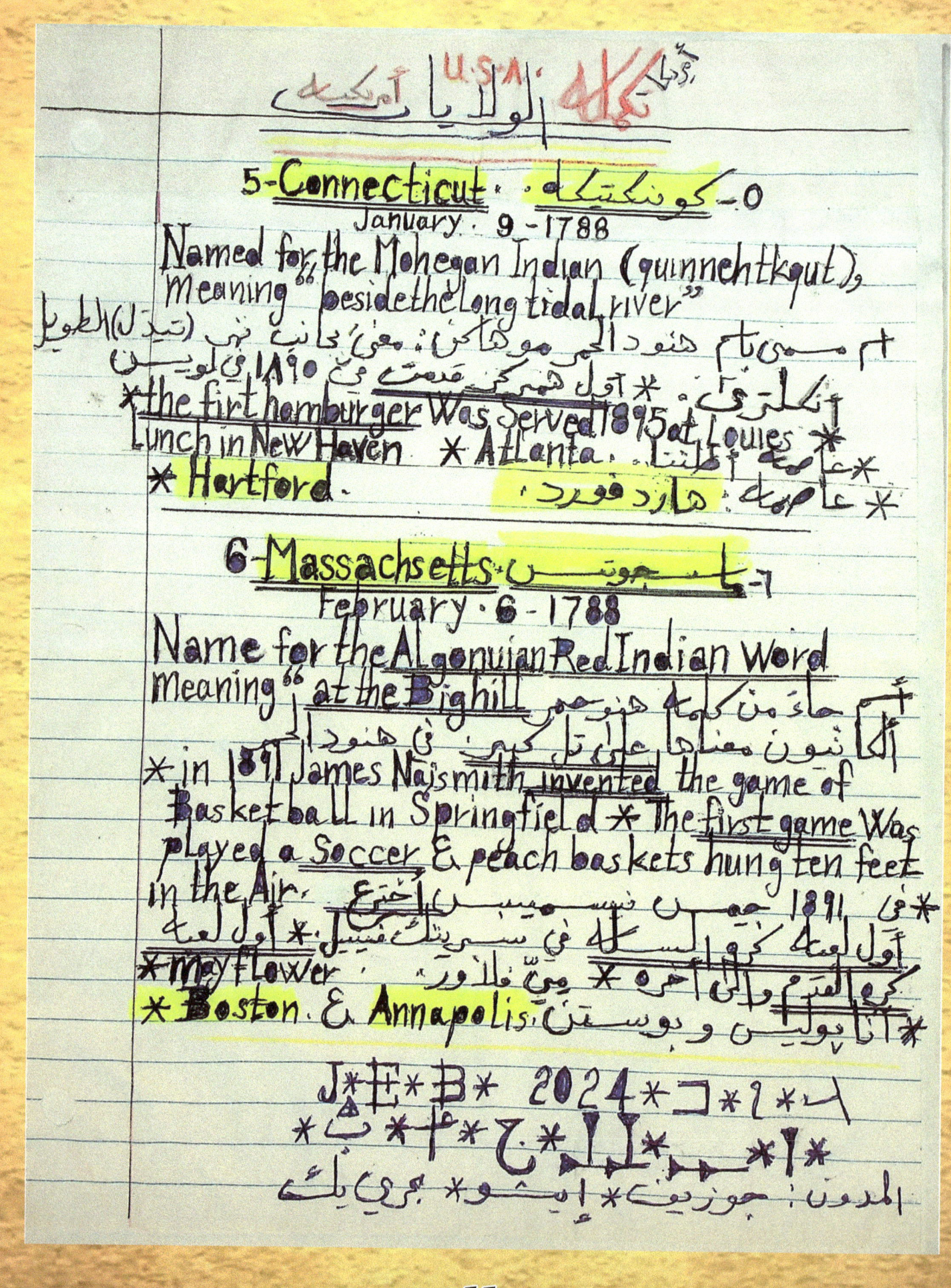

5-Connecticut . ٥- كونكتيكت

January . 9 - 1788

Named for the Mohegan Indian (quinnehtkqut), Meaning "beside the Long tidal river"

و سمي باسم هنود الحمر موهاكن: معنى بجانب نهر (تيدال) الطويل (لونك ريفر).

* the firt hamburger Was Served 1895 at Louies Lunch in New Haven * أول همبركر قدمت في ١٨٩٥ في لويس لانش في نيو هافن.

* Atlanta. عاصمة أطلنتا *

* Hartford. عاصمة: هارد فورد *

6-Massachsetts . ٦- ماسجوتس

February . 6 - 1788

Name for the Algonuian Red Indian Word Meaning "at the Bighill"

أسم جاء من كلمة هنود حمر الكانوين معناها على تل كبير في هنود الحمر

* in 1891 James Naismith invented the game of Basketball in Springfield * The first game Was played a Soccer & peach baskets hung ten feet in the Air.

* في 1891 جيمس نيسميث اخترع كرة السلة في سبرينكفيلد * أول لعبة أول لعبة كرة القدم والى آخره

* mayflower . * مي فلاور

* Boston. & Annapolis. * انابوليس و بوستن

J*E*B* 2024*

المدون: جوزيف * إيشو * بري بك

U.S.A.
تكملة ولايات أمريكا

7- Maryland ٧- ماري لاند

April - 28 1788

Nem for Henrietta Maria, Queen to England's Charles 1 أسمي على الملكة أنكلتري هنرياتا ماريا حالس ١

*Francis Scott key Wrot the "Start-Spangled Banner" from a British ship in Baltimor Harbor in 1814

* دون وكتب فرنسيس سكوت كيي: ستارت سبنكل بانر في سفينة بريطانية بالتيمور في مينا في سنة ١٨١٤ / 1814

*Annapolis *أنابولس

8- South Carolina. ٨- ساوث كارولينا

May - 23 - 1788

Named for England's king Charles. 1

أسمي على أسم ملك انكلتري حارلس ١

* the most pristne nesting area for Loggerhead Sea turtles, a threatned Species

*Columbia *كولومبيا

9- New Hampshire ٩- نيوهمبشير

Name for Hampshire County, England

June - 21 - 1788

أسمي على أسم مقاطعة همبشير في أنكلتري

*Concord *كونكورد

* The Brattle organ in portsmouth's st. Johns church is oldest pipe organ in the U.S.A. stil played on Special Occasions it dates back to 1708. * أقدم أورگن في كنيسة مار يوحنا

* ... * ... * ...

تكملة الولايات أمريكية

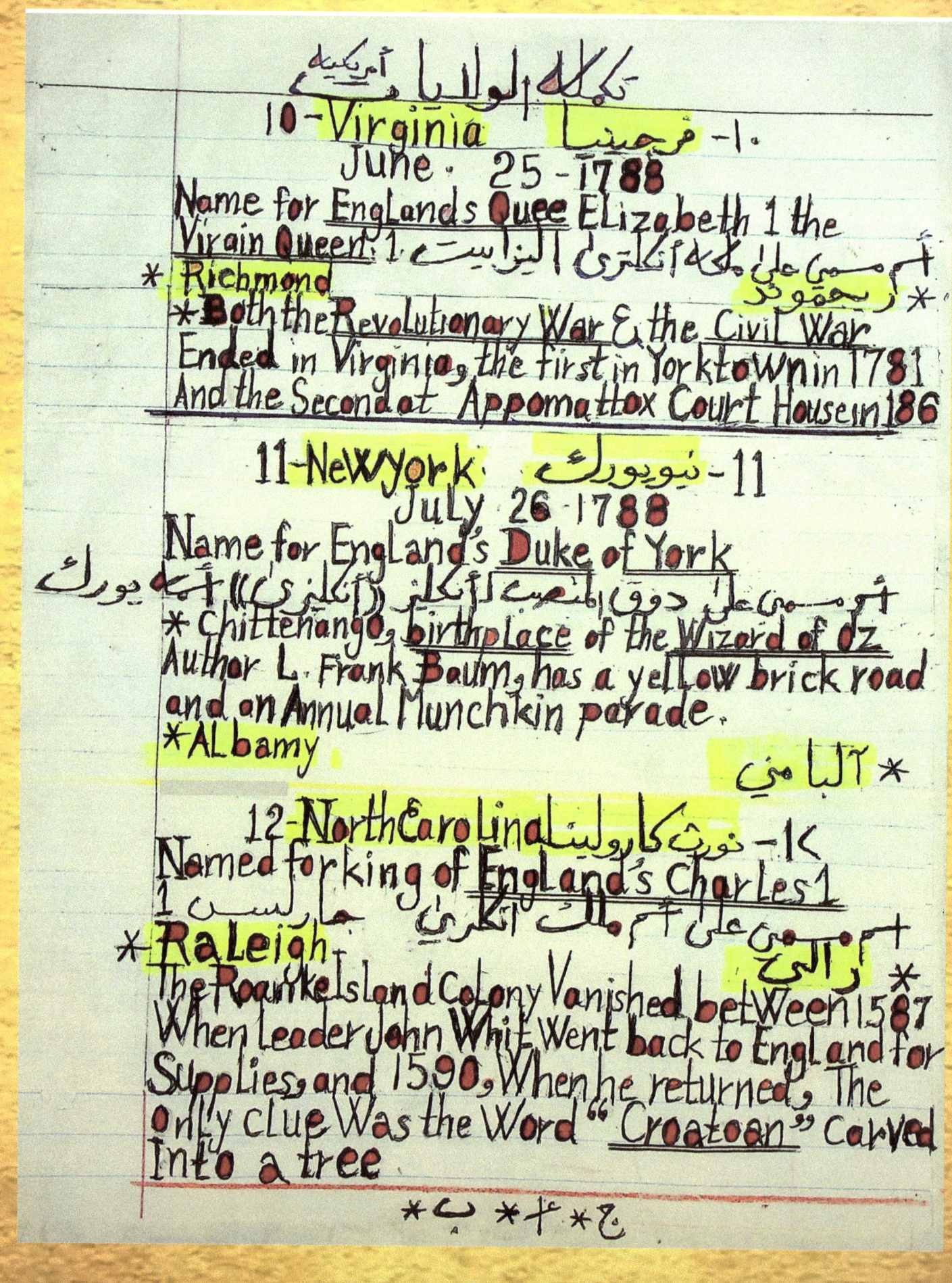

10-Virginia فرجينيا -١٠

June. 25-1788

Name for EngLands Quee ELizabeth 1 the Virain Queen: 1

أسم سمي على ملكة إنكلترى اليزابيث 1

* Richmond

* ريتشموند

*Both the Revolutionary War & the Civil War Ended in Virginia, the first in YorktoWn in 1781 And the Second at Appomattox Court House in 186

11-NeWyork نيويورك -11

JuLy 26 1788

Name for EngLand's Duke of York

أسم سمي على دوق (منصب) إنكلترى ((إنكليزي)) أسمه يورك

* Chittenango, birthpLace of the Wizard of Oz Author L. Frank Baum, has a yelLow brick road and an Annual Munchkin parade.

*ALbamy

* آلبامي

12-NorthCaroLina نورث كاروليينا -١٢

Named for king of EngLand's CharLes 1

أسم سمي على أسم ملك أنكلري جارلس 1

*RaLeigh

* رالي

The Roanke IsLand CoLony Vanished betWeen 1587 When Leader John Whit Went back to EngLand for SuppLies, and 1590, When he returned, The onLy clue Was the Word "Croatoan" carved Into a tree

*ب *أ *ج

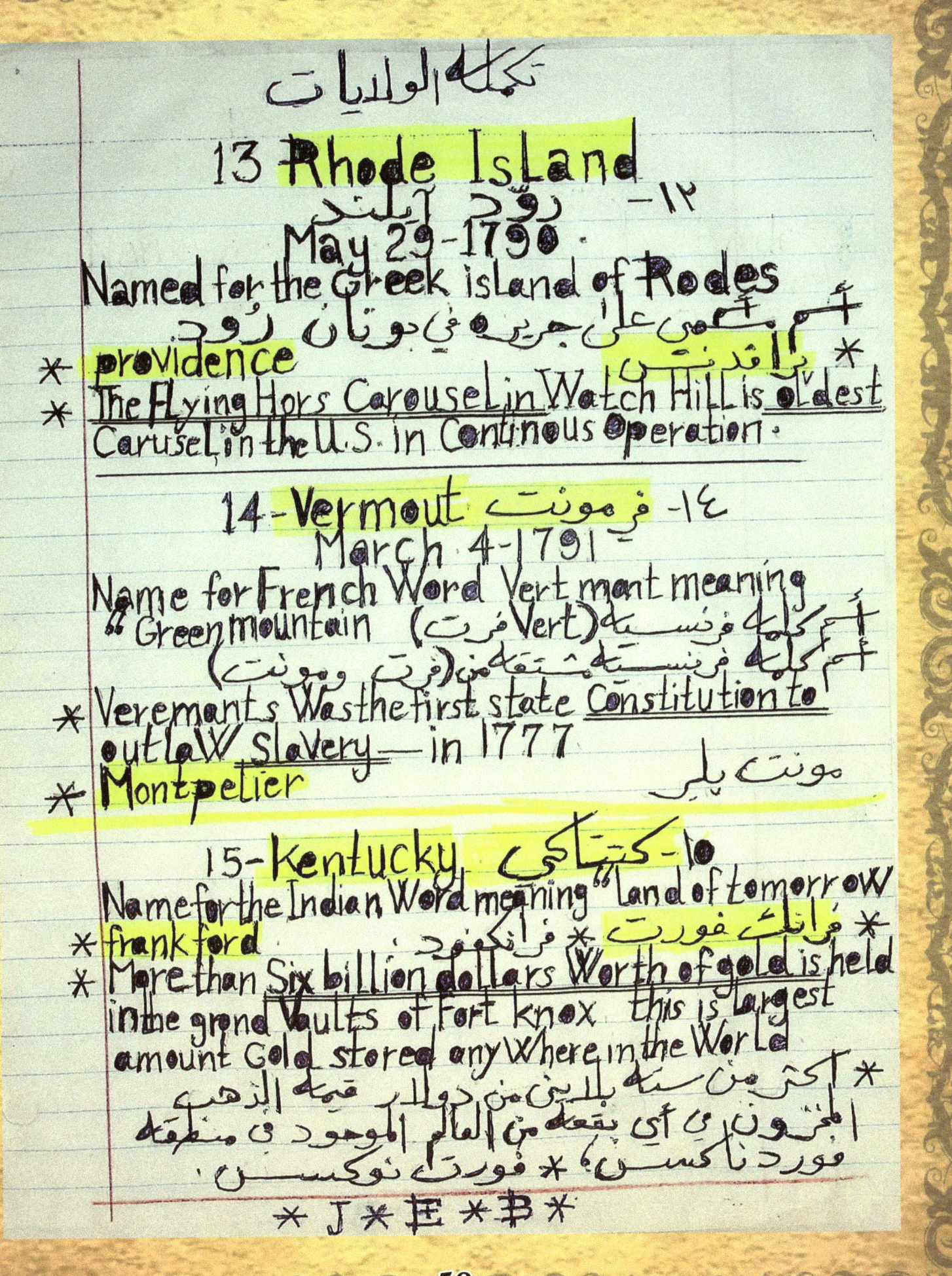

تكملة الولايات

13 Rhode Island

١٣- رود آيلند

May 29-1790.

Named for the Greek island of Rodes

أسم على جزيرة في يونان رود

* providence

* بروفدنس

* The Flying Hors Carousel in Watch Hill is oldest Carusel in the U.S. in Continous Operation.

14- Vermout فرمونت -١٤

March 4-1791

Name for French Word Vert mont meaning "Green mountain (Vert فرت)

أسم كلمة فرنسية

أسم كلمة فرنسية مشتقة من (فرت ومونت)

* Veremant Was the first state Constitution to outlaw slavery — in 1777

* Montpelier مونت بلير

15- Kentucky كنتاكي -١٥

Name for the Indian Word meaning "land of tomorrow

* frank ford فرانكفورد * فرانك فورت *

* More than Six billion dollars Worth of gold is held in the grond Vaults of Fort knox this is largest amount Gold stored any Where in the World

* أكثر من ستة بلايين من دولار قيمة الذهب المخزون في أي بقعة من العالم الموجود في منطقة فورد ناكسن، فورت نوكسن.

* J * E * B *

تكملة الولايات أمريكا U.S.A

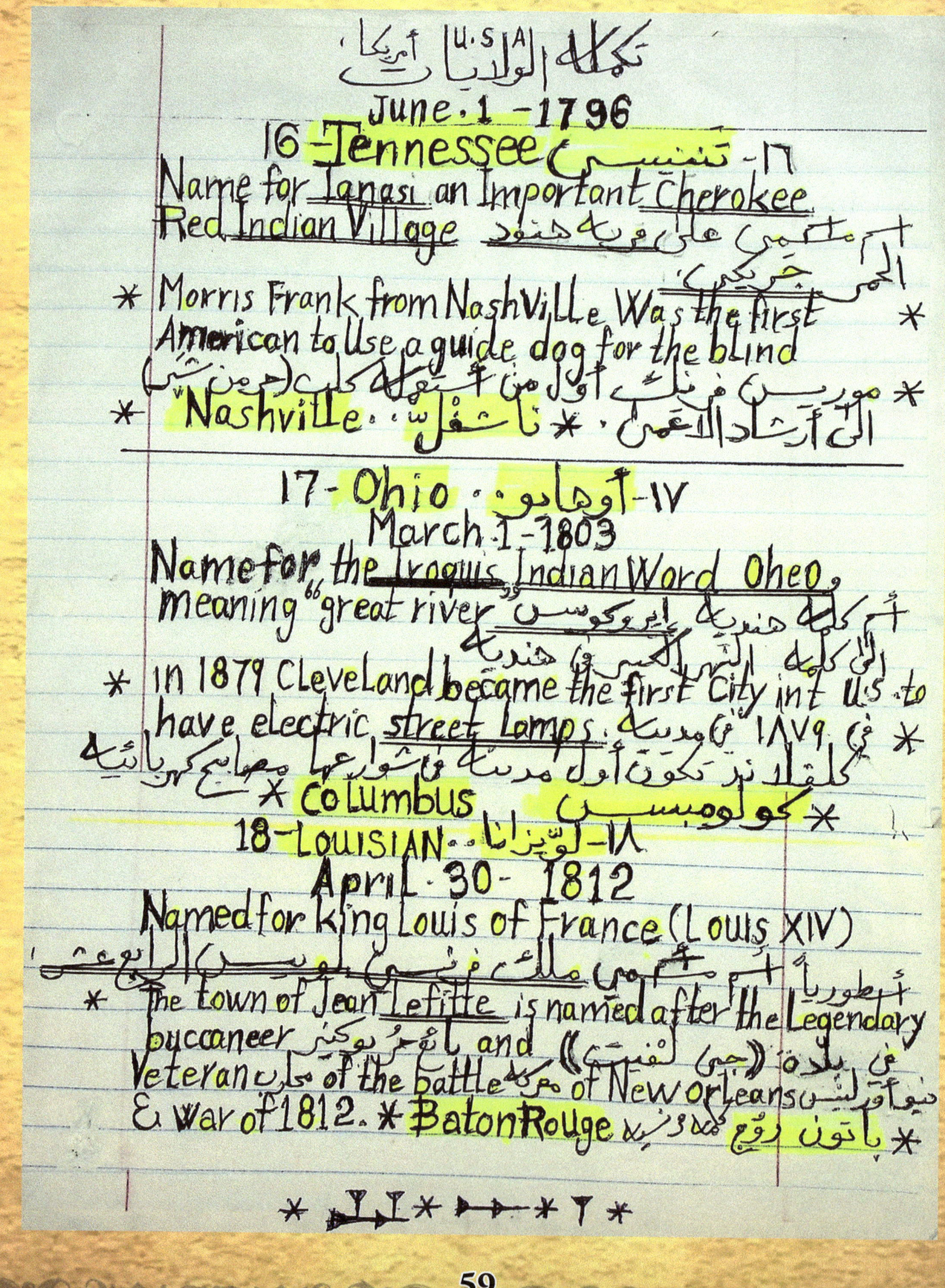

June. 1 - 1796

16 - Tennessee تنسي - ١٦

Name for Ianasi an Important Cherokee Red Indian Village أسم مقتبس على قرية هنود الحمر جيريكي.

* Morris Frank from Nashville Was the first American to Use a guide dog for the blind *
* موريس فرنك أول من أستعمل كلب (حرس) الى أرشاد الأعمى. * Nashville... ناشفل *

17 - Ohio . أوهايو - ١٧

March. 1 - 1803

Name for the Iroquis Indian Word "Oheo" meaning "great river" أسم كلمة هندية إيروكويس الى كلمة النهر الكبير (و) هندية

* In 1879 Cleveland became the first City in the U.S. to have electric street lamps. في ١٨٧٩ مدينة كليفلاند تكون أول مدينة في شوارعها مصابيح كهربائية *

* Columbus كولومبس *

18 - LOUISIAN.. لويزانا - ١٨

April. 30 - 1812

Named for king Louis of France (Louis XIV) أسم مأخوذ من ملك فرنسي لويس الرابع عشر أمبراطوريا

* The town of Jean Lefitte is named after the Legendary buccaneer باغو بوكنير and Veteran محارب of the battle معركة of New orleans نيواورليانس & War of 1812. في بلدة (جين لفيتي) * Baton Rouge باتون روج عاصمة *

تكملة الولايات أمريكية

19-Indiana · إنديانا -19 | Hooster state

Name Created by setters, meaning "land of the Indians". أسم مسمى خلق من المستوطنين (مصنوع)

* Indianapolis إنديانا بُلس *

| Magnolia state | 20 -Mississippi ميسيسبي -20

Name for the chipipew Indian word mici-zibi meaning the "great river" أسم مسمى على كلمة هندية مرجى أو ميسي + زيبي : معناهم (المقطعين) نهر القطو أو نهر كبير

* Jatson جاكسون *

December 3-1818

21-ILLinois · إيلينويس -21 | prairi state

Named for a french Corruption of Angonquian Indian Word meaning "Superior men" : رجل متفوق

أسم مسمى لفساد غاعية أنكلنكين معنى الكلمة رجل المتفوق

* the Home Insurance Bulding in chicago Blud. Was the World * first modern skyscraper. It Was 138 ft. high.

* Springfield. سبرنك فيلد *

22-Alabama آلاباما -22

| Heart of DIXIE | December 14-1819

Name may be from ALibamu Indians members of the Greek Confederacy. أسم ربما من أليبامو هنود هم أعضاء فدرالي يونانين.

Possibly from the choctaw language alba ayamule meaning "I clear the thicket" ربما ألفة ياس من حاكيتا آيامولي: معناها: أنا مسحة تركة

* Montgomery مونت كومري *

* ـ * ـ * ـ

تكملة ولايات أمريكية U.S.A

23 Maine مِيْن -٢٣

March 15-1820 | pine Tree state |

Name may have originted from explorers referring to the "mainLand" from a province in Northwestern France, or from a toWn on the cost of England

أسماء نشأة المكتشف أشارة موطن أصلي من مقاطعة شمال غربياً من الفرنسا من ساحل مدينة أنكلترى

* Augusta أوكستا *

24-Missouri مزوري -٢٤

| show-me state |

August : 10 -1821

Name for a Siox سُو Indian tribe the Ward missouri مزوري means "tWon of the Large canoes

جاء من كلمة قبيلة هنود (سُو) . وكلمة مزوري معناها مدينة كثرة كنو (الزوارق)

* Ice-Crem Cones Were first served at Louisiana purchase Exposition of 1904, also known as the st-Louis World's Fair *Jefferson City . جيفرسن سيتي *

25-Arkansas آركانساس -٢٥ | Natural state |

Named for the QuapaW كُوابا Indian, Who Were Called Akansea آكنسي meaning "South Wind by other tribes

كلمة كُوابا جاءه من كلمة هنود الذين يسمونهم أكنسي معناها من كلمة هنود لحمر التيار جنوبي (ريح) من القبائل الأخرى

* Little Rock لِتيل راك (روك) *

*ب *أ*ج

تكلا و لا يا USA أمريكية | Great Lake State

Jan-24-1837 26-Michigan. مشكن -٢٦

Named for the ALgonquian Indian Word michigama meaning Great Lake "
أسم مشتق من قبيلة هنود
كلمة ألكانكين كلمة مشكاما معنى بحيرة عظيمة

* in 1866 James Vernor of Detroit his recipe for ginger ale the first Soft drink made in U.S.A.
* أول مشروب صنعه في أمريكا (جنجر أيل) في ١٨٦٦
* Lansing. (زنجفيل) لينسن. *

27 Florida. فلوريدا -٢٧

| Sun Shin state |

March-3-1845

Name for pascua florida the Spanish Easter time "Feast flower" by the explorer ponce de leon
أسم جاء أسم بونكا فلوريدا أسباني

* About one Million alligatar Live in the state florida
* Tallahassee. تلاهاسي *

Dec-29-1845 28-Texas تكساس -٢٨ | Lone Star state |

Named for the Caddo Indian Word Tejas meaning "frend" or allies
* أسم جاء من كلمة قبيلة كادو
هنود الحمر كلمة تيجز أسباني معنى حلفاء أو أصدقاء.
* Austin أوستن. *
* in 1856 Jafferson Daved had CameLe Imported to Transpart military provisons a cross Weast texas, the Camel Corps had mixe success and ended in 1861
في ١٨٥٦ جافرسن داود أستورد جمل لنقلات حربية جنوب تكساس

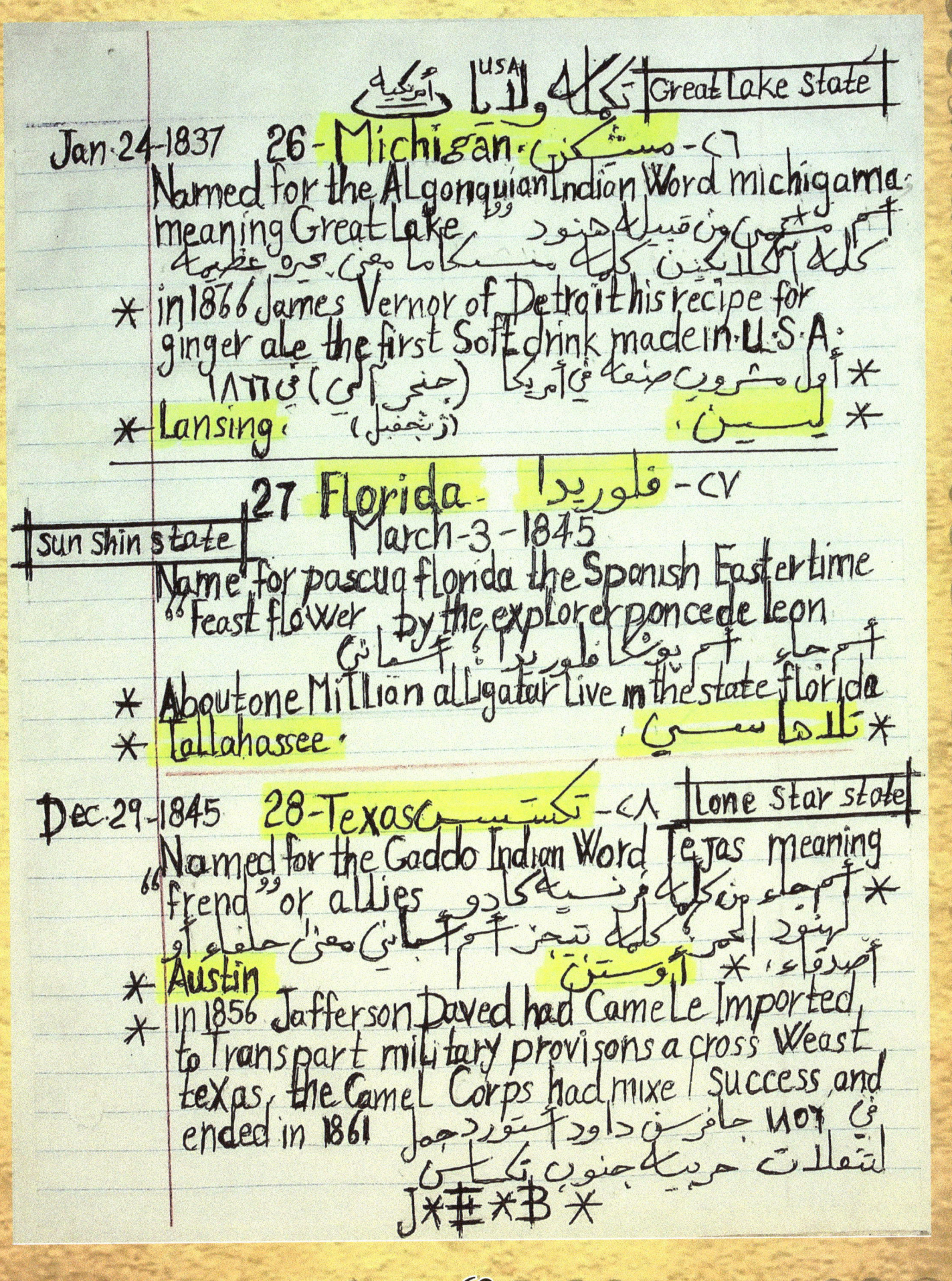

J*✱*B*

تكملة الولايات الأمريكية U.S.A

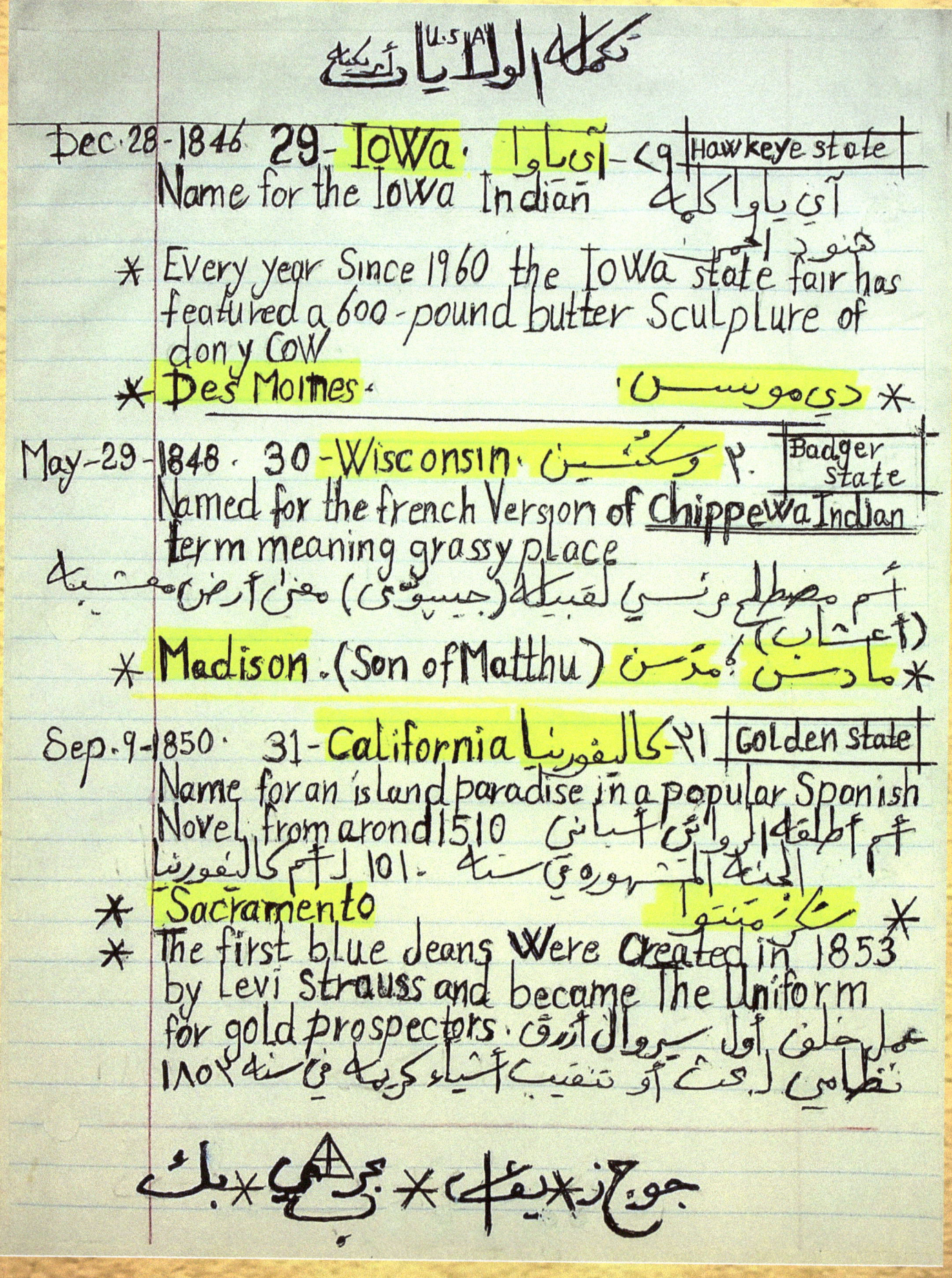

Dec.28-1846 29- Iowa. آيّاوا -٢٩ | Hawkeye state |

Name for the Iowa Indian آي ياوا كلمة هنود الحمر

* Every year Since 1960 the Iowa state fair has featured a 600-pound butter Sculpture of dairy cow

* Des Moines. دي موين. *

May-29-1848. 30-Wisconsin. وسكنسين ٣٠. | Badger state |

Named for the french Version of Chippewa Indian term meaning grassy place

أسم مصطلح فرنسي لقبيلة (جيبوي) معنى أرض معشبة (أعشاب)

* Madison. (Son of Matthu) مدسن: مادسن *

Sep.9-1850. 31-California كاليفورنيا -٣١ | Golden state |

Name for an island paradise in a popular Spanish Novel, from arond 1510 أسم أطلقه الروائي أسباني الجنة المشهورة في سنة ١٥١٠ لأسم كاليفورنيا

* Sacramento ساكرمنتو *

* The first blue jeans were created in 1853 by Levi Strauss and became The Uniform for gold prospectors. عمل خلق أول سروال أزرق نظامي لبحث أو تنقيب أشياء كريمة في سنة ١٨٥٣

جوج زليف * بن يمي * بلك

أمريكا
تكملة ولايات U.S.A

32- Minnesota - منيسوتا - ٣٢

May . 11 - 1858 .

Name for the Dakot Indian Word meaning "sky-tinted Water" & أصل الاسم من كلمة هنود الداكوتا بمعنى ماء ملون

* The 130 feet-tall ice palace Constructed for 1888 st. paul Winter Carnival Was by far the City's tallest Building at the time.

* St-paul . سينت بول

33- Oregon أوركن - ٣٣

The origins أوريجين of "Oregon" uncertain, but it Was Likely derived from an Indian word.

كلمة أوريجن و (أوركن) مشتقة غير واثقة من كلمة هنود

* Formed more then 7,000 year ago Crater فوه Lake بحيرة is deepest أعمق Lake بحيرة in the U.S.A. With an Averge depth معدل عمق 1500 feet and maximum depth of 1,949 ft

* Salem: Saul كلمة سال بالإسبانية معنى . سيلم *

34- kansas - كنسس - ٣٤

January . 29 - 1861

Named for the kansa Indians kansa means "people of south Wind" أسماء قبائل من هنود حمر (كنسا) الجنوبية أشخاص الجنوب لهنود الحمر.

* The geographic Centr of Continental 48 United states is Located in Smith County, Near Lebanon in North-Central Kansas.

* Topeka . توبيكا . *

تكملة الولايات U.S.A. أمريكية

35-West Virgina. فرجينيا - ٣٥ وست

Name for England's Queen Elizabeth 1, the Virin Queen. 1 (ملكة عذراء) إسم مسمى على الملكة اليزابيث

* The Continents Large Conical مخروطي كونيكال Burial دافن mound is in Moundsville ماوندسفيل ماوند ركام. It is 69 feet high and 295 feet in Diameter.

* Chrleston. جارلستون. *

36-Nevada. نيفادا - ٣٦

October. 31-1864

Name for Spansh word nevad meaning Nevada "Snow-capped" إسم كلمة أسبانية نيفادا معناها مكلل بالثلج

* Carson City. كارسون سيتي *

* Hard hat were first Invented in 1933 specifically for workers
أول عمل واختراع قبعة صلبة لعمل في سنة 1933.

37-Nebraska. نبراسكا - ٣٧

Name for the Oto Indian word nebrthka meaning flat Water" إسم لقبيلة هنود حمر أوتو كلمة نبراسكا

* Lincoln. لينكن. *

38-Colorado كولورادو - ٣٨

Name for Spanish Word colorado meaning "Red or ruddy" إسم كولورادو كلمة أسبانية معنى أحمر أو ضارب متورد اللون (لون محمر)

* After gold was discovered ner pikes بايكس peak بيك in 1858.

* Denver.. *⊐*ℓ*ᒧ*⊥⊥*▸▸—*⊺* دنفر *

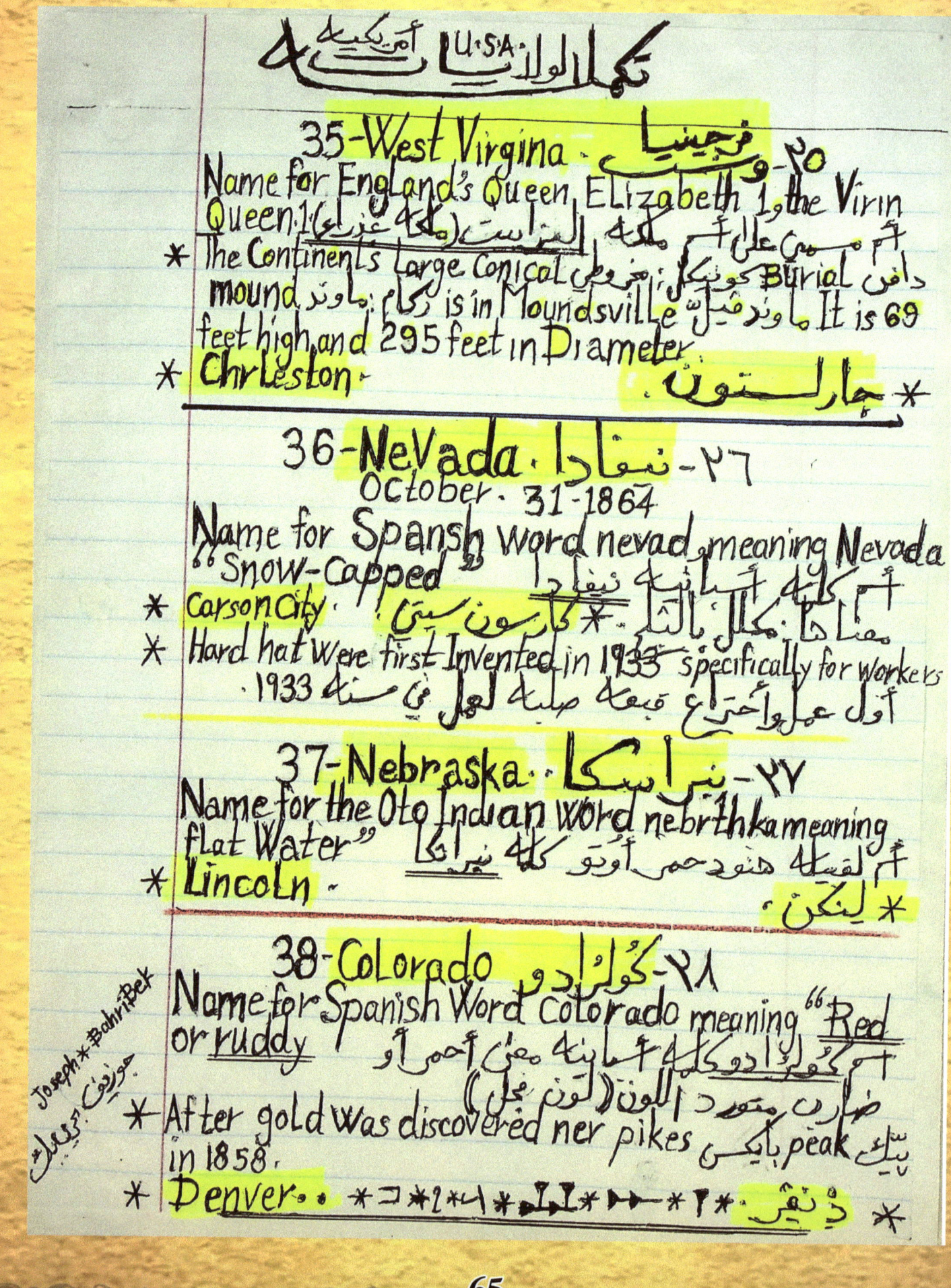

Joseph * Bahri Bek
جوزيف بحري بك

تكملة الولايات أمريكية U.S.A.

[peace Grden state]

Nov-2-1889 39- North Dakota نورث داكوتا - ٣٩

Name for the Sioux (سو) indian Word dakota meaning friend. معنى اسم كلمة داكوتا (سو): صديق

* North Dakota has 63 Natinal WildLife Refuge, more than any other State. * Bismork. بزمارك. *

[RUSH state] 40- South Dakot ساوث داكوتا - ٤٠ Nov. 2- 1889.

Name for the Sioux (سو) Indian Word dakta meaning friend. Sioux (سو) معنى اسم كلمة داكوتا

* Hendrickson Discover the Large most intact. t. rex

* fossil in 1990 near the town of faith. أكتشاف مستحجر متحجر *

* Pierre: كلمة مشتقة من كلمة يونان: Pierre بيير *

معناها صخرة من كلمة يونانية (بييير)

[TREASURE State] 41- Montana. مونتانا - ٤١

November-8-1889

Name for Latin montaanus, meaning mauntanous

ماونتونيوس اسم كلمة في اللاتينية معناها جبلي.

* Helena. هيلينا. *

* in Montana elk, Deer & anteLop: ظبي outnuberl يتفوقه عدد humans البشرية. البشرية

[Evergreen State] 42- WaShington واشنطن ٤٢

NOVEMBER 11-1889

* Mount St. Helens Volcano in Cascade Renge 1858 Erupete in one Biggest Volcanic disturbance in U.S. history

* Olympia. أولمبيا. *

J * E * B *

تكملة الولايات أمريكية U.S.A

GEM State

43- IDaho ، آي دوهو -٤٣

July . 3 - 1890

Name Was Coined or Invented Wos Originaly Used for Columbia River Stemship.

* The State Capitol building in Boise is heated by Underground hot Springs. * Boise ، بويزي - *

44 Wyoming وايوميناك -٤٤

Equality State

July . 10 - 1890

Named for the Delaware Indian Word meaning "at the big plains" أسم كلمة دالوير هنود معناها سهول كبيرة

* thousands of people traveling west on the Orego Trail Scratched their Names on the Surface of the Independence Rock of Casper

* Cheyenne . شيتن ، شيان *

45- Utah يوتاه -٤٥

BEEHIVE STATE

January . 4 - 1896

Name for Ute Indians ((people of mountains)) أسم ولفظ الماني يوتة (ute) الهنود الحمر يعني ناس الجبل

* Salt Lake سولت ليك *

* Great Salt Lake is the fourth Largest terminal (no outLet) Lake in the World, three to five times Saltier أملح than Ocenan, and free of fish (the Largest marine Cretures are brine shrimp) براين شرمب

* ب * أ * ل

US الولايات أمريكيه

J*E*B*

SOONER STATE — NOV-16-1907

46 -Oklahoma. أوكلوهوما -٤٦

Named for choctaw جاكتاوي indian Word meaning "Red people" جاكتاوي أمر كلمه هنود حمر

* Oklahoma City. أوكلوهوما ستي * (أناس عمر)
* Oklahoma has the only state Capital bulding in the World With an oil well drilled Beneath it.

47-New Mexico نيومكسيكو -٤٧

LAND OF ENCHANTMENT — Januray. 6-1912

Named by Spanish explorers, for Mexico

أم مسمى مكتشف أسباني إلى مكسيكو

* The city of Santa Fe. فيّ Sttled in 1607, making it the oldest State Capital City in the Country
* Santa Fe. سينتا فيّ *

48-AriZoNa. آريزونا -٤٨

Grand canyon state — February. 14-1912

Name for the papago باباكو indian Word "arizonac" آريزونك meaning "place of the Smal Spring"

باباكو كلمه لقبيله هنود الحمر مكان ينبوع صغير

* in 1930, Clyde Tombaugh a LoWell Observatory in Flogstaff discovered the planet pluto
* phoeinx. فينكيس *

ج * أ * ب

جوزيف أبو عريبك

ل.ا.ا * ــــ * ا * *J*E*B* * ب * ٢ * ١

North to the future | تكملة ولايا أمريكيه | Jan. 3-1959

49-Alaska آلاسكا -٤٩

Name for the Aleut ward alyska آليسكا
meaning Great land آليوت تكن أو قبيلة
أسم آلي يسكا معناها أراضي شاسعه كبير

* in Barrow, Alaska's northern most point, the Sun doesn't set for 84 days during the Summer months.
* Juneau. جونو *

Aloha State | 50-Hawaii. هاوائي -٥٠ | Aug. 21-1959

Nam for the polynesian Word hawaiki هاوكي
meaning "Home Land أم كلمه هاوكي
لـ بولونيشن (أناس)

* Honolulu. هنلولو، هانالولو *
* HonoLuLus IoLani palace is the only royal residence in the U.S.A.

Justice For All

WASHINGTON * D * C * July. 16-1790

Name in honor of Georg Washington and Christopher Columbus (District of Colombia)

* The Supreme Court has its own Independent police forec, Which is responsible for one black area.
* The Capital of U.S.A عاصمة أمريكا X

أوصى في وجود الله

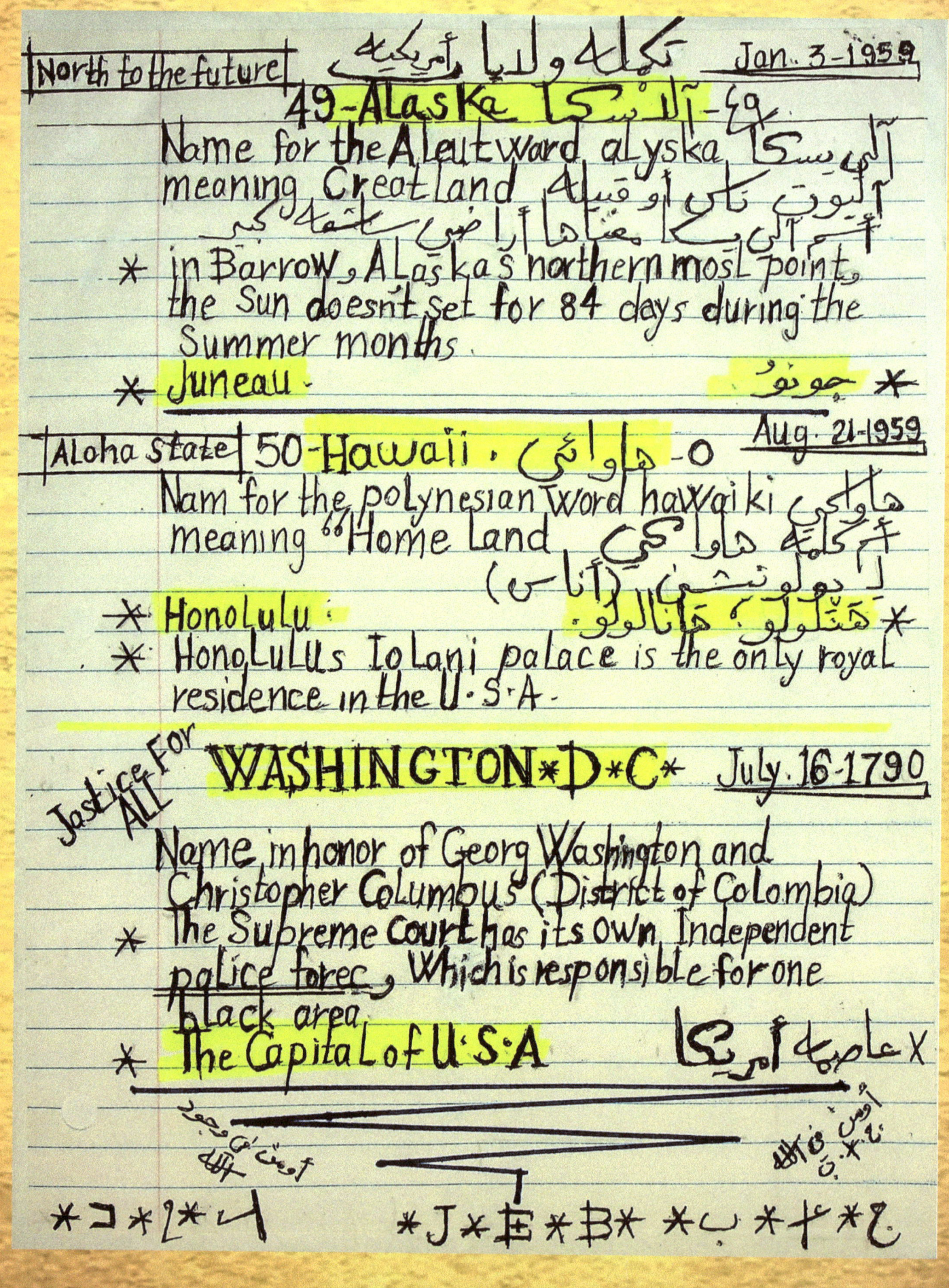

* ב * ℓ * ㄴ   * J * E * B * ب * ٲ * ج

الدوله العباسيه

نسل العباسي

يعد نسل العباسي العائله عريقه أنحدرت من النسل عباس عم الرسول نبي محمد ومن أسمه أشتق أسم أو أسمهم العباسي يعود نسب العباسيون الى العشيره الهاشمي (بعض وكثير الهاشمي في المملكه الاردنيه الهاشميه) من قبيله قريش ومن أشهر زعماء القريش كما يلي :-

عقبه بن ربيعه
تاجر

أبو سفيان أبن حرب
زعيم قريش

أبو جهل
زعيم قريش

ومن قبيله القريش في مكه المكرمه، ومنذ عام 718م عمل أفراد عائله العباس للسيطره على الأمبراطوريه، مما أدى الى حدوث الثوره مفتوحه عام 747م بقياده أبي مسلم، وهزيمه الخليفه الأموي الأخير مروان الثاني في معركه نهر الزاب الكبير في عام 750م في بلد ما بين النهرين (العراق)، والى أعلن فيها الخليفه عباس كأول خليفه لدوله العباسيه العراقيه.

أنجازات الدولة العباسية

تعتبر الفترة حكم عباسيين فترة العصر الذهبي في
الوادي الرافدين (عراق)، وإلى الإسلام
حيث رعى العباسيين وكفلوا كبار العلماء، كما ترجمت
العديد من النصوص الطبية، والفلكية وغيرها من نصوص
العلمية اليونانية (الأغريق) والرومانية (اللاتينية)
إلى اللغة العربية لحفظها من الضياع وتوسع المفكرين في
العالم الإسلامي إلى نظريات أقليدس وبطليموس
وقاموا بالاختراع علم الجبر، واختراع الساعة، وتسمية
النجوم (كالدب الأكبر) واستخدموا إبرة تحت جلد
لإزالة الغتام عن عدسة العين، والقرنية، وقاموا
بتأليف العديد من القصص مثل قصص ألف ليلة وليلة
وحكايات علي بابا وسندباد البحري وعلاء الدين
ومن العصر العباسي الذهبي من حيث أنشأوا أول
جامعة كبيرة جامعة مدرسة المستنصرية كانت أكبر جامعة
وأكبر أزدهاراً من جميع الفروع العلمية والأدبية حتى ذلك
كان عصر ذهبي للعلوم العراقية سابقاً وأكبر وأكبر
جامعة في الدول العربية في ذلك وقت ولكن كل
هذه الحضارة العريقة العريقة في أزدهارها لقد جاءوا الوحشية
التتار والمغول بقيادة قائد جنكيز خان حيث دمروا كل
شيء من وراءهم كل الحضارة المدهوة العراقية للدولة العباسية حيث
حيث دمروا وتلفوا كل أشياء ما في عيونهم وجامعة المستنصرية
حتى ذلك، رموا كل الكتب والمخطوطات في النهر دجلة من
كثرة الكتب في النهر تحول لون المياه أزرق لكثرة الكتب
المرمية في النهر من الوحشية الغزاة الطامعين وتحولت
دولة العباسية وحضارتها إلى خراب لا مثيل له

ح * ا * ش *

الكلمات العربية الذي نستعملها ليست عربية وإنما أجنبية

	السريانية	العربية	الكلمات ليست عربية				
1	لقط	قبض، أسر	شيطان	في	عبرية		
2	لطا	أختبئ	تنوريت نار	في	العبرية		
3	سكر	أغلق	ملاك	في	العبرية		
4	بهيقة	ثرثره	جهنم أصلها	في	العبرية		
5	فرم	قطع	جنتا معنى حديقة		في العبرية		
6	منتوش	ممزق	أبليس الكذاب	في	يونانية		
7	نكش	كشف	كفورة معنى صيغ		أبيض يوناني		
8	مرش	زوجتي	بنج	في	يونان		
9	أتعتذر / وعمدوره	تدخرت / تمايل في مشيته	دينار معنى	عصري	في اللاتين		
			السراط	في	اللاتيني		
10	أبتلش	أبتلى	قنطار	في	اللاتيني		
11	نرا	في خارج	السنبل	أصلها	فارسي		
12	جواني	في داخل	فردوس	جنة	في فارسي		
13	دقى	لمس	كلمة شهر	في	الحبشة		
14	هدس -	التفكر	الهلال أصل	في	الحبشة		
	هودس	العميق	حواريين معناها رسول		في القبطي		
15	دعكك	عجن					
16	زقى	قذر					
17	لفن	كلام السيئ					
18	حيلكيك	فوتك					
19	حوش	منطقه					
20	روح القدس	روح قدس					
21	ملكوت	ملكوت					
22	كهنوت						
23	جنه	جنه					
24	الرحمن	رحمن					
25	صلوه	صلوات					

قال محمد الخطيب

اللغة الآرامية لغة السيد المسيح يتكلم بها حتى الآن
ثلاثة مناطق هي جبعدين وبخعة المسلمتين ومعلولا
المسيحية ليس من باب التفريق وإنما من باب عرض أدلة
على تسامح المسلمين وعدم طمس المسلمين لحضارات
الآخرين والدليل على ذلك أن سكان المسلمين الذين
يتحدثون السريانية تفوق ثلثي المسيحيين الذين
يتحدثون اللغة السريانية

تعليقاتكم

حاتم SY: كثير من المفردات يستخدمها السوريين ويظنون
أنها كلمات عربية ولكن لا أصل لها في العربية بل هي
مفردات سريانية نستخدمها الى يومنا هذا ونتفوهها
بلا وعي وقد يستغربها الأشخاص العرب غير السوريين

دونتها في
Fri. May. 24. يوم
2024 11:29 pm:

The Yazidis, do they Belive in GOD or are they a Slave to the Devil

اليزيديين

هل هم مؤمنين بالله أم عبدة الشيطان؟

The Yazidis, do they believe in GOD or are The a Slave to the Devil?

Young Isaiah Nadia Murad Won The 2018 Nobel peace of Prize

It is a Sounding alarm in the minds of most Citizen of Arab World. And they Started Wondering who Isaids Were How did they grow Up?
Are they Muslims or Satan Slaves, as they are Rumored to be? And why don't We know any thing about them لماذا لا نعرف عنهم أي الشيء
your channel Wil answer these question and More.

لا يوجد تعريف بسيط

There's No Simple definition:
YAZIDI is a religion on the one hand and Ethinic nationlity on the Other. اليزيدية ديانة من الجهة وقومية عرقية من الجهة الاخرى. ولم يختلف العلماء في تحديد منشأ الديانة القومية
Scholars have not been as different in detrmining the Origin of a rligion or nationaly as in the Yazidi.
Plus many rumore that have followed them for Yeas.
For exaple they Worship Devil or they are religious group.

Religious group has Broken awy from Islam and Sacred to the Umayyad Caliph Yazid ibn Mawiaa
الخليفة الأموية يزيد ابن المعاوية، كما يدعون، وليس ذلك
or being a deformed mixture of Several ancient Religions, Which the Yazidis Completely negate.
أو كونه خليط مشوه من عدد الديانات القديمة وهو ما ينفيه
اليزيديين جملة وتفصيلا"

تأثر وليس أنشقاق
Affected, not Split.

* هادي بابا شيخ ممثل الطائفة اليزيدية
In this difference, Hadi Baba Shikh of the Yazidi Communty Says: The Yazidi religon has gone through through two Stages: The ancient Stage has its origins in Meropotamia (وادي رافدين). The Second Stage is the Vulnerabilit, Where the Yazidi religion has been Influnced by Islam
والمرحلة الثانية وهي مرحلة
التأثر حيث تأثرت الديانة اليزيدية بالإسلام أبان
in the period of the Umayyea
الخليفة الاموية
Caliphate, the Yazidi releion was renwed by the mystic Adi Ben Traveller
المتصوف عدي بن مسافر
in the prieod of Umayyad Caliphate, the Yazidi religion Was renwed by the mystic Adi Ben Travellar
The Yazidi of Muslims have taken Some Laws without touching the basis of their faith.
وقد اخذ اليزيديين
عن المسلمين بعض الشرائع دون أن يمسوا أساس العقيدة.

The reason Yazidi Were Isolated Was becous they
had been Subjected to dozens of extermination Wars.
The Last one Was ISIS دولة العراق والشام: داعش
Begging them When IRaq's Mosul fell into thir
hands. These Wars became an Integral part of the Yazdi
identy, Leading them to ovoid Intermingling and favor
Isolation.

من نسل أدم وحده
Adam's offsprin alone:

In Yazid Mythology أساطير اليزيدية yazidins are
diffrent sex than the rest of humons, they are descen-
ded from Adam's offspring alone. And that's becaus Adam
and Eve had a fight befor they got married about
Who the offspring belonged to وذلك أدم وحواء
قد تنشا قبل زوجيهما حول من ينتمي اليه النسل
They put Each other's offspring in a jar and Waited a
While. And When Eve opend her drag, I found it full
of didana. While Adam Was in adam Jar, beautiful
kid they Called sheath, the Jars Son. GOD then
Sent him mermaid and married her gave birth to the
Yazidi offspring. In anothe accont, Adems Jars Was
Said to have had a child and a child Who married
When they grew up from Which Yazid Come to the
World.

بين عراق وسوريا
Between Iraq and Syria

Yazidi number between 700.00 and 1.million
Around World.

سكان العراق الأصلين

Indigenus people of Iraq:

The Yazidis belive that they are the last remaining Indigenous people of IRAQ.

*يعتقدون اليزيدون آخر ما تبقى من العراقين الاصلين *الأشوريين والبابليين

* They Belive that they are descended from *Assyrian - *Babylonian Civilzation.

توحيد أبراهيم

Unification of Ibrahim:

Unification and Belive in the one Creator is one of Most Important foundation of Yazidi religon. the Unification advocated by AL-khalil Ibrahim for peace

خليل أبراهيم

الخوف من الأغراب

Fear of Stranger

Yazidis do not prefer to mingle With outsiders and do not allow them to attend their religious rites.

لا يفضل اليزيدين الأختلاط في الاطرف ولا يسمحوا بحضور شعائرهم الدينية

No one knows more about their Religion and nationality than they let other know

حروب الأبادة

War of annihilation:

The Isolation of Yazidis one of the most Important reasons for the increase in rumors and conflicting statement among Scientists. About the origin and Identity of Yazidi

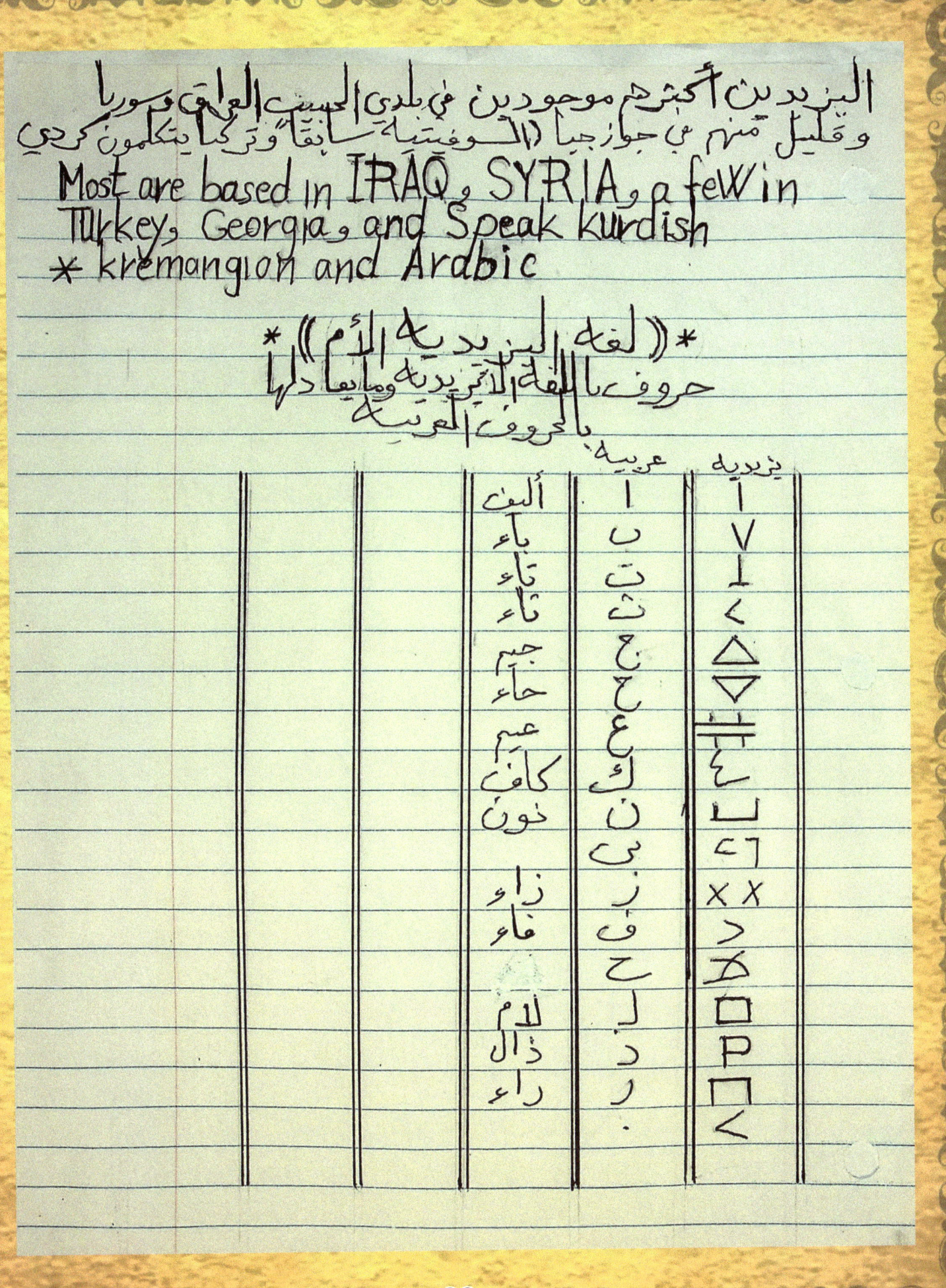

اليزيديين أكثرهم موجودين في بلدي الحبيب العراق وسوريا
وقليل منهم في جورجيا (السوفيتيه سابقاً) وتركيا يتكلمون كردي

Most are based in IRAQ, SYRIA, a feW in
Turkey, Georgia, and Speak kurdish
* kremangion and Ardbic

((لغة اليزيدية الأم))
حروف باللغة الايزيديه ومايقابلها
بالحروف العربية

			عربيه	يزيديه
		ألف	ا	I
		باء	ب	V
		تاء	ت	⊥
		ثاء	ث	<
		جيم	ج	△
		حاء	ح	▽
		عين	ع	╪
		كاف	ك	[illegible]
		نون	ن	⊔
			ى	[illegible]
		زاء	ز	x x
		فاء	ف	>
		[illegible]	ح	[illegible]
		لام	ل	□
		ذال	ذ	P
		راء	ر	⊓
			.	<

لالش

LALSH

The Valley of the Silence only Temple of Yazidi, Is the Temple of Lalsh, Where Adi ibn Safr is the largest religious priesthood in the Yazidi religion.

لالش معنى وادي الصمت وهو معبد خاص اليزيدية
حيث مرقد النبي عدي (أدي) اليزيدية

Most are based in IRAQ, Syria, a few in Turky, Georgia, and Speak kurdish كردي kremangion and Arabic

* يتحدثون الكردية القرماجية جميع شعائرهم باللغة القرماجية أما كتبهم القديمة فمكتوبة باللغة السريانية

* All their religious rites are in the ker-mangian القرماجية Language and their ancient Books are Written in Syriac.

وكانت لهم لغتهم قديمة أندثرت . مكتوبة بالسريانية مع مرور الزمن

لالش معبد اليزيدية ومرقد النبي عدي (أدي) اليزيدي
مدينة الشيخان نينوى

الحج

piLgrimage

Yazidin must make a pligrimage to the laLsh Temple for once in the Lifetime and the pligrimage lasts for Seven days.

يجب على اليزيديين الحج لمعبد لالش ولو مرتا واحدتا في العمر ويستمر الحج لمدة سبعة الأيام.

المدون وكاتب الملاحظة
جوزيف إيشو
[illegible]

السلم الاجتماعي:

Social Harmony:

ينقسم المجتمع اليزيدي الى ثلاثة الطبقات:
1- الشيخ ، 2- البير ، 3- والمريد ، ويحرم الزواج بين الطبقات في أي الطريقه

The Yazidi Society is divided into Three Castes: طبقات 1-sheikh, 2-AL-Bir, 3-& AL Marid; marriage الزواج Between the Castes طبقات is forbidden in any way.

طاووس ملك

Peacok king

Adame's Angel Carpet is one of most famous Religiais Stories of ALL time. And every one knows that God Cursed لعن Almighty when GOD disobeyed Adam. But the Yazidi have anther point. They think the test Was reversed, and if Was the peacock of Abilis Who passed the test. When he did not accept to be Seated for God's Sake rewarded him and made hair, and made him king over angels. It is peacock of king Who has Blown the Soul

تعتبر قصة سجود الملائكة لآدم من أشهر القصص الدينية على الاطلاق وجميع تعلموا أن الله قد لعن أبليس عندما عصى أمر الله بسجود لآدم ولكن اليزيديين لديهم وجهة نظر أخرى إذ يعتقدون أن اختبار كان معكوساً وأن طاووس ملك ابليس كان هو من نجح في الاختبار عندما لم يقبل بسجد لغير الله فكافأه الله وجعله ملكاً على الملائكة وأن طاووس الملك هو من نفخ الروح في آدم ووجه نظر آدم

into Adam and directed نحو الشمس وأمره الله
Adam towards the Sun & أن يخفص الله الذي خلق هذه ع
ordered him to Worship the God
Who Greated This Sun.

عبدة الشيطان
Satanists

* بسبب أيمانهم في خيره طاوس ملك يعتقد اليزيدية تعني عبادة الشيطان

* Becaus of thir faith in the charity of Be k king; Non-Yazidi beliv that Yazidism means Satan Worship

* لكن في الواقع اليزيديون لا يامنون بالقوه الشريره مثل جن تقويد والسحر ولا يامنون في وجود شيطان الذي يأذي الانسان ويحرضه على الشر وذلك

* But actualy Yozidis dont Belive in evil power Like Elves جن and Spells أذكار and magic
* The Dont belive in the existaence of devil Who ontagonizes and incites Evil
* That becous they Believe that GOD's Soul is in Everything

* وذلك اعتقادهم أن روح الله في كل الشيء وعليه فان الشر اما فعلا حاصلا من البشر أو عقوبة الله لهم على اعمالهم وأي محاولة على خلط بين طاوس ملك والشيطان تعد اهانتا شديدتا لمقدسات اليزيدية

* Evil is either the Act of human being or the punishment of God for their misdeeds.
* Any Attempt to Canfuse a kings peacock With Evil is a Serious affront to the Sanctity of Yozidis faith

التقمص المشروط
Conditional Striping

*تؤمن اليزيدين بالتقمص والتناسخ أي أن الروح تنتقل
من الجسد الى الجسد الأخر وذلك روح الله هي ما هي
تحي جسد الأنسان والروح الله لا تموت وأنما تنتقل
الى جسد وليداً كما يدعون وتورث الروح عبر الاجيال
ولكن لا تنتقل الروح الأنسان الى جسد الحيوان أو
حشرة مهما تعامله في حياته السابقه وهو ما يخالفه
مبدأ التناسخ التقليدي في ديانات الأخرى

* Yazidis belive in Copulation and reincarnation, meaning that the soul travels from one body to Another
* And thats because God's Soul is What greets the human body, and God's Soul doesn't die.
* It's moving into a New born body.
* The Soul is inherited across generation.
* But the Human Soul does not move into the body of an animal or an insect. No matter how badly he Works in his previous life, Which is Contrary to the traditional principle of reination تقمص in other relions

عدي بن مسافر
Adi Ben Traveler

تزامن ظهور الصوفي عدي ابن المسافر في تأريخ اليزيدي
مع فترة حرجة كادت تنوتر وقتها الديانة اليزيدية ولكن
استطاعة تجديد الديانة اليزيديه الموروثة البابلي اشوري
في الميثولوجيا اليزيدية: طاوس ملك عظيم الملائكة مرتجد

في عدي بن المسافر وقال عن نفسه كنت حاضراً
عندما كان آدم يعيش في جنة وكذلك وكنت حاضراً
عندما ألقى نمرود ابراهيم في النار وكنت حاضراً
عندما قال الله لي أنت الحاكم وأنت إله الأرض

* The emergence of Sufi Adi Ben, Travelr in Yazidi history, Coincieded With a critical period when the Yazidi religion almost faded

* But he Was able to religion in his Assyrian Babylonian heirloom in Yazidi Mythology في أسطورة يزيدي

* The peacock of the king of the great angel Was embodied in Adi Ben Traveler and Sidd of himself: I Was there When Adam Lived in heaven So, were I When he threw Abraham's Animrod into the fire.
And I Was there when GOD told me you Were the ruler and you were the God of Earth.

ختان الأطفال وتعميدهم
Circumision and baptism of children

* إن الحال في المسيحية يؤمن اليزيدية أن الإنسان يولد حراً حتى يتم تعميده ويصبح يزيدياً

* Like in christianity, Yazidi belive that man is born free Until he is baptized into Yazidis. Children are Baptized With kany Sibi Water near Sheikh Adis mausoleum in Lalsh (ويتم تعميد الأطفال بماء (كانيا تبي) الموجودة بالقرب من ضريح الشيخ عدي بن المسافر،

* ملاحظة مني (ج*ع*ب): تقاليد الديانة اليزيدي خليطة من عدة الأديان السماوية وأديان وثنية قبل الميلاد. (جوزيف جريك)

الزفاف والتقاليد عند أخواننا الأكراد

في شمال العراق الكردستان الحبيبة

J*E*B* ألف مبروك لكم يا أخواننا

YAZIDIS
Iraqi

And When the Bride arrive, the groom Sprinkles Solt and Candy, رش ملح وحلوى Ushering in a happy and Constont Life. The bride breks a Jar ful of Candy & عروس تكسر الجره مملوءه بالحلوى، والنقود

A Sign that she Will Bring happines and good to husband and home أشاره سيجلب السعاده والخير الى زوجها

*It is also a Custom for a Wedding particpant to lake the bride PiLLoW احد المشاركين أن يأخذ في الزفة وساده، مخده

*He desn't return it he Takes a tip or gift. يأخذ وساده عروس ولا يعيد لها الا مابعد أن يأخذ الكرامية

Marrag is prohibited in April زواج محرم في شهر نيسان

Because they Believe that Spring month dose not Accept a brede لان شهر الربيع لا يقبل العروس

The YAZIDI Were not Black يزيدين لا يلبسون لون أسود

Headscarf. But Red يلبسون غطاء على الرأس لون أحمر

(شماغ احمر) أشاره الى دماء هدرت بدون الذنب

At the time of mourning, the Yazidi Wear the Caudal Caudal لون قهوائي instead of Black في وقت الحداد.

اليزيديون يلبسون لون قهوائي عوضاً عن لون أسود

* That's Because the Abbasids Like to Wear Black The Yazidis thout that between them and Abbasids Was So Hostile.

* ذلك لان العباسيين كانوا يلبسون أرتداء اللون الأسود فكرتها هو اليزيدين بما بينهم وبين العباسي من عداوه الشديده

الاحظة: أسم التسميه تعود الى يزيد بن معاويه عكس الشائع بل مشتقة من كلمه وأسم الفارسيه ((آيزيد))

* أيزيد: التي تعني الملاك أو الإله، ديانه غير التبشيريه

* A Social Cermony is for a Child to be Cireumsied, in the Lap of family freand of Any religion to Mix blood and becom a family frened

ومن المراسيم الأجتماعية هو يتم ختان أطفال
يصبح الصديق من العائلة

قدم السعد

HAPPY FOOT : قدم السعد

من المراسيم الزواج عند اليزيديين أن عريس ينتظر عروسه
على السطح داره مع أصدقائه حتى ترمي عليه من البيت أبيها
بعدما يجهزها أبوها جهازها وعندما تصل عروس يرش
عريس الملح والحلوى لتنبؤات سعيدة وسيتم بينما تقوم
العروس بكسر الجرة مليئة بالحلوة وأملاح المعدنية إشارة
إلى أنها ستجلب السعادة والخير على زوجها وذلك
من حالات الزواج أيضاً أن يأخذ أحد مشاركي في الزفة
وسادة pillow العروس ولا يعيدها إلا ما بعد أن يأخذ الأكرامية
يحرم الزواج في الشهر نيسان April لأنهم يعتبرون هو الشهر
الربيعي لا يقبل عروسا اليزيدي اليزيديين الشماع أو
غطاء رأس الأسود بل الأحمر إشارة إلى الدماء التي أهدرت
بدون الذنب في وقت الحواد يرتدي اليزيديون اللون الهوائي
بدلاً من الأسود وذلك لأن العباسيين كانوا يحبون أرتداء
اللون الأسود فكرتهم اليزيديين ما بينهم وبين العباسيين من
العداوة الشديدة

HAPPY FOOT :-
قدم السعد :-

From the Wedding Ceremony of YAZIDI, the groom Waits for his bride عروس on the roof of his huse على سطح With his friends / Until bLoW into him from her fathers house after her father Sets Up. And When brede عريس

* ملاحظة: أن التسمية اليزيدية تعود إلى يزيد بن معاوية
عكس الشائع أن اسم يزيدية مشتقة من اسم الفارسية

* ايزيد: معناه تعني الملاك أو الإله
اليزيدية ديانة غير التبشيرية

* يزدان: إلههم الأعظم خالق الكون ليس حارسه

* ما يعني اليزيدية شاطه هم عبد الرب

* الملك الطاووس أكثر أطر يحتضنهم اليزيدين القدسية تقع
لالش على بعد 430 كيلومتر شمال غربي بغداد عاصمة
العراق

* تظهر صور الملك طاووس في معابد الأيزيديين اضرحتهم
وقبورهم، يعرف في إلههم الأعظم خالق الكون إلا أنه
ليس حارسه

* سبعة أرواح أخرى تنبثق من هذا الإله الملك
طاووس المنفذ للمشيئة المقدسة

* الملك طاووس عند اليزيديين تحديد الذات ولا ينفصل
عنه

* ويصلون اليزيديين إلى الملك طاووس خمسة مرات
يوميا لهم المرتبة الأخرى هي الشيطان ما جعلهم معروفين
خطئا بعبدة الشيطان

* اليزيديون: يعتقد اليزيديون الأرواح تنتقل داخل أشكال
جسديا متعاقبة

* معتقد اليزيدية لا يرتبط بالزرادشتية رغم اعتناقهم بالرمز
الشمسي ☼

* إلا أنهم يستمدون بعض شعائرهم الدينية من المسيحية
والإسلام

* بعض المحرمات بحسب المرجع علم الصدر هنا لا يأكلون
الخس بسبب التحريم أن أبرز الدعاة اليزيدية الشيخ عادي
اعتبره بما الفرم وصول الشمس داخله.

أعتبره نجساً لعدم وصوله للشمس لداخله

* ومن اللحوم يحرم لحم الخنزير وكل أنواع السمك ولحم الغزال
* ويحرم لليزيديين الزواج في الشهر نيسان ((April)) لأن الملائكة تتصل فيما بينهم
* ولديهم كتاب المقدس ((الجلوة)) ويحرم قراءته على خارجين عن الملة

ملاحظة مهمة: ومني أنا المؤلف جوزيف إيشو يحيى بك

مواليد بغداد وعراقي الجنسية

لقد لاحظت عدد من الملاحظات عن دينهم وتقاليدهم خليط من عدة الأديان قبل أن أبدأ أن أدون أكتب هذه العبارات على هذه الأسطر المهمة على فكري واعتقادي قبل أن يقولون كل هذه العبارات عن أخواننا اليزيديين حسب في اعتقادي أن دين اليزيدي ليس عبدة الشيطان وإنما يقدرونه ويخافون من قوته أنا بدوري أعبر عن الدين اليزيدي هو دين خليط من عدد من الأديان السماوية بالمسيحية والإسلامية واليهودية وأديان الأخرى ما قبل تاريخ الذي بدأ قبل الميلاد في وادي الرافدين من جنوب العراق أهل من عبدة الشمس والكواكب حيث عبدوا الشمس وعملوا على شكل زقورة من عبادات الميثولوجيا، أنا بدوري لست حاكم أو حكيم كي أقرر أحكم وأنا لست دانيال الرب القاضي وإنما الرب هو دانيال الحقيقي (Daniel) الذي يقرر ويحكم وعالم وعليم أنه حاكم عادل فقط هو الذي يحكم في عدالته إني أحترم كل الأديان لأني لست قاضي كي يحكم وإنما أنا بدوري أتبع المقالات الرب ومخلصنا مسيح كلمات سماوية كما قال أحبوا بعضكم البعض كما أنا أحببتكم وأيضاً أتبع المقالات الفيلسوف يوناني ديكاسس أنا بدوري أعتقد أن الرب هو الذي يغرس البشر ويدخل في عقل الإنسان يعمله ويلتقي بتعاليمه الجيدة المخروطة في دماغنا، أنني أومن أن الرب هو الحاكم وقاضي وحكم عادل وعليم وغفور هو الذي أن يقدر أن يدين كل بني البشر بطريقته الديمقراطية العادلة طريق الصحيح لفهم مع نفصنا بني بشر ((Dan))

ومع ألف شكر: جوزيف أيشو يحيى بلك

Mon. May 27-2024

هل تعلم وتعرف ما مقالاتي المقصودة لك وكلماتي وحكمي

من أقوال وحكم (من جوزيف بحري بك)

الأب والأم الأول والأوحد الحقيقي

* أعزائي يا بني البشر إني أحبكم جميعكم مهما اختلفتوا مع بعضكم أو اختلفتوا معي في أفكاركم ومقالاتكم وفلسفتكم تجاهي إني دائماً أدعي من الرب خالقنا والمسيح مخلصنا وخادم الرب بني موسى وكل الرسل والأنبياء على الأرض وكل تلاميذه والأئمة والصالحين وسائر الأديان السماوية وسائر أديان الأخرى أعزائي أنا واحد منكم من الجنس البشري أنا وأنتم تحت رحمة حاكم العادل الرب الذي يسمى بالعبودية عند اليهود في عهد القديم أي سامي Dan دان (دينونة) قاضي العادل وفي كلمة أثورية، عربية كلدانية، سريانية، ويهودية، عبرية وآرامية والحاكم دان معنى في سامية قاضي (دينونة، ديانة، تدين هو دان يدين) كلنا فقط هو الرب الله إلى القضا جميعاً؟ لذلك أقول من كلماتي لكم أنا لست قاضي كي أدينكم ولست أسمي دانيال daneal أي الله القاضي هو قاضي فقط أن يدينكم، أنا لست أسمي دانيال Daneal أنا أحد يوسف أي أضيف في العبرية، أنا دائماً لا أفرق بين كل الأديان وأنا لا أقدر أن أفرق بين أحد من الأديان أني أحترم كل الأديان وكل الإنسان وبين الأمم أني أحب كلكم أني أسلك طريق الله والمسيح والأنبياء والرسل الذين علمونا على محبة كما قال الرب العالمين لقد خلقكم جميعكم سواسية لا أفرق بينكم وبين الآخرين وبيني إلا في التقوى؟ آمين، آمين، آمين

مثلاً: إذا رأيت أمامي (هي أو هو) مطروحين على الأرض ويطلبون مني (نجدة) لمساعدتهم حالاً سوف أساعدهم مثل السمري أحياناً أنا (الطيب ذو قلب جيد وحنين وساعد) مهما كانت خلقه أو شكله أو جنسيته أو لونه أو أي ميل سياسي أو ديني أو طائفي، سوف لا أسأله أي شيء من الأشياء وأشكال المذكورة في الأعلى، هذا كلها جزء من رحلته ومن إرشاداته خالقنا ومخلصنا ورسولنا لنا الذين علمونا الصدق والأمان والإخلاص والطمئنان في حياتنا الموصية، ج*أ*ب*

* 95% بالمائة يكون ذنب آدم تجاه حواء لمعاملتها السيئة لحواء من كل جوانب من كلام غير الجيد ولا أهتمام بالحواء كالجزء من جسده ومعاملته غير لائقة تجاه حواء من كل نواحي والجوانب عائلية،

God is ALmight Lord

الله

العظيم

بسم الله الرحمن الرحيم

وكل الباقي

هل تعلم وتعرف ما مقالاتي المقصودة لك

من أقوالي والحكم من (جوزيف ايشو تجي بك)

* عندما يقولون العلماء أن عمر الأرض والمجموعة الشمسية
عمرها في ملايين وبليون من سنين وجدوا أي خلق أو
تكونوا؟ كما جاءت في خاطره أنهم يحسبون السنوات
الرب مثل كما ذكر في عهد القديم لقد خلق الرب
العالم كله وما فيه في (٦) 6 أيام، ولكن هذا عند عند رب
الرب اليوم تساوي ١٠٠٠ سنة أرضية وليس السنة
الرب الأزلية؟ الجواب على ذلك عندما يعتقدون ويقولون

* (بني البشر) في حسابات جداً عالية أرقام أنها تطابق الزمن
الرب لأن واحد (١) يوم يعادل ١٠٠٠ سنة الرب عنده 6 أيام
مثل 6000 ألف سنة قياساً على 1000 سنة الأرضية
يعطيك جواب متشابه إلى الخليقة الله اليوم
الواحد = ١٠٠٠ سنة الرب عند = 1 يوم، إذا أتيت في حسابات

* الرب سترى أن الأرض والمجموعة الشمسية مطابقة كما يقولون
في ملايين أو بليون من السنين الله خلقها لو قارنت إلى حسابات
الرب إلى حسابات الأرضية: جوزيف إيشو تجي بك

* أنا أقول أن المرأة هي أضعف قوة من الرجال لذلك يكون غير قوية
وغير قادرة على الدفاع على نفسها؟ معنى الرجل هو أقوى
من المرأة كما ذكرت في كتابي السابق أمرأة خلقه من ضلع آدم

* يجب أن تعامل حواء الطيب مع

The Life onLy EXist on the Earth
and
God creat EVe From RipAdam

* احب حواء كما تعتني بالنبك
لذلك ستكون هي أضعف من: مثل غصن شجرة ضعيف والشجرة أقوى من

* الغصن أقصد على ذلك، فأن أنا على الحق وأعرف وأقول
معظم المشاكل التي تجري بين حواء وآدم هو ذنب آدم تجاها
وأقول 95% خمسة وتسعون في المائة يكون ذنب آدم وليست
حواء لأن حواء أضعف من آدم لا تقدر أن تقاومه
كالغصن الشجري في الشجرة عندما يهب الريح القوي يكسر
الغصن في الشجرة. لذلك أقول لكم يا رجال أن حواء أقل
قوة منك أمين: جوزيف إيشو تجي بك.

NEVER DIES

GOD

Fri May 31 2024

Fri. May 31 2024

(٩٧)

Attention to ALL Mankind — أنتباه وجهه الى

الى كل بني آدم

From; Auter & publisher and Usher — من

at Saint Gregory churh. San Mateo Cal. — المؤلف والمرشد في كنيسة

Joseph Eshoo BahriBek — قديسن كريكوري في مدينة سان متيو

جوزيف (يوسف) إيشو بحري بك

من المواليد بغداد عراقي الجنسية والأمريكية

* CaLL from GOD to me — نداء الرب لي *

in the Name the God and Jesus and Holy Spirit Amen *

بسم الله الرحمن الرحيم آمين

بسم الآب والابن والروح القدس الاله الواحد آمين

my Dears — أعزائي المحترمين

On the Evening — في المساء الليل من يوم

the Night Dec 3-2023 — الأحد المصادف

on the year 2023 — كانون الأول

Dec. 3-2023 — ٣- كانون السنة ٢٠٢٣

When I Was

Sitting on my — عندما كنت جالسا في مكتبي

Desk on my — على كرسي حتى تأليف

Chair Whe I Was — كتابي من تأليفي الكتاب

publishing a — الحياة فقط موجودة على الأرض

books of the — والله خلق حواء من ضلع آدم

Life OnLy Exist on the Earth and GOD Creat

Eve from Rip Adam

SuddenLy I hear Strange — وفجأة أنا سمعت صوت غريب

Weird Voice Above my head — واضح نادى لي من فوق رأسي

From the heaven Saying to me — من السماء يقول لي

+ CalLing from the Lord + — + نداء الرب +

the HoLy one GOD — حيث قال لي قدس الأقداس الله قل عوضا

the HoLiness the Lord God — وقل عني الى بني البشر لهم من

Yours GOds Say it! Instead — إلاهكم

continue o page 75 — تكملة في الصفحة ٧٥

Continue from page.
Call from the Lord God tomy
Sayit to them to All mankind
Yours God lord ! for that
Time ! When I heard the
Voice of Holines He Was
Very Clear to me Say it to them
When they Claim and Saying
the Words and the Names
Let them doit Right ! When
they Apply it to man kind
probable Democracy
Social ! and Religions
Catholic ! Orthodos !
Form E.T.

Dears peopl to Mandkind

Believe in my and Belive in
my Words When I hear it
Clear Voice Words
Call from God the Holines
Mighty Lord Clory to his
Names Superior ! the Rights Turth.
Amen. My Dears the
Call from the Lord and
When the Lord spak to me
All mand kind Fell
Clear Voice them to do the
Work GOOD Not Just the
talk do it Right Work.

تكملة من الصفحة
نداء من الرب لي:
قل إلى بني البشر لهم من
إلالهكم الحي الرب: ذلك الوقت
حين سماعي صوت قدس
الأقداس كان صافيا
لي: وقل لهم
عندما يقولون ويدعون
أنهم من كلمات أسم يقولونه
في العمل صحيح ويطبقونها
ويعملونها في العمل صحيحا إلى بني
البشر مثل العمل الديمقي المحتمل
والعمل الأشتراكي وتطبيق شريعة
دين والديانات الصحيحة
كالدين الكاثوليكي وأديان الأخرى

أعزائي الكرام بني البشر
صدقوني وثم صدقوني الكلمات التي
أدونها هي كلها صحيحة لكن
أني أحلف اليمين من عظمته لقد
جاء لي صوت صافي من الرب
القدوس الرب العظيم القدير
الأقداس سبحان إلى عظمته
الفائقة أمين ثم الحق
أعزائي نداء الرب قدس القداس عندما
تكلم معي بصوت صافي بحيث أن
كل بني البشر بعمل جيد حين
تطبيق الكلمات وأسماء الناطقة من أفواههم
يعملون حسنا إلى بني البشر بالعمل وليس فقط كلام.

* must of the people ((mankind)) Looking *

For Barber Chair

1- have one Leg is for the Name (politics · Religions. Busins)
2- the (Set cushion) Business (the do for them Selfs) the person.
3- How they making the mony + the proterty. the pleasure and power and control + Dictate. E.T.

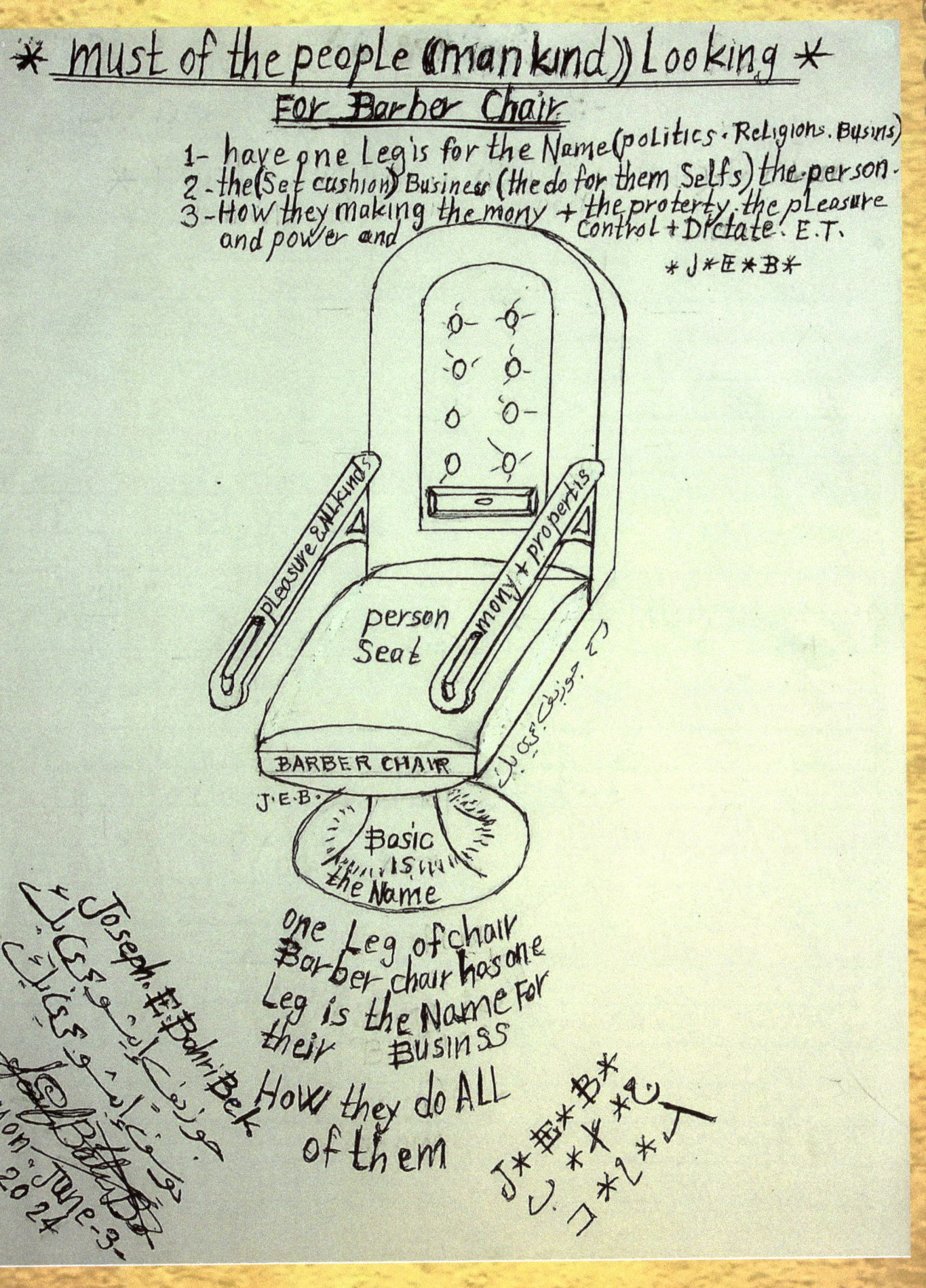

*J*E*B*

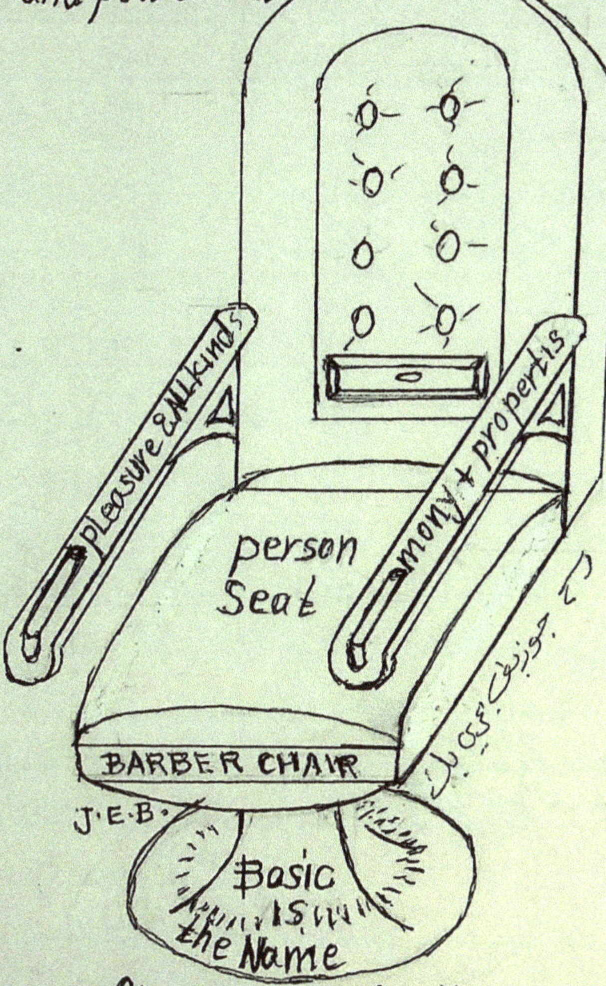

One Leg of chair
Barber chair has one Leg is the Name for their Businss
How they do ALL of them

J*E*B*

Joseph. E. Bahri Bek
Mon. June-3-2024

(١٠٠)

* عيد أكيدو - هل تعلم -

عيد أكيدو رأس السنة الآشورية الكلدانية والسريانية

من تدوين وتدوين هذا اليوم الجمعة المصادف Fri- June 14-2024

منذ هذا التاريخ June 14-2024 عام 6773 أقدم عيد الشعبية

يسمى أكيدو عيد السنة الآشورية والكلدانية والسريانية

* سنة أكيد تاريخ أقدم تاريخ السنة الآشورية من عام 6773

من الامبراطورية الآشورية الآشورية القديمة التي موجودة قبل

2600 سنة التي كانت المسيطرة على العالم القديم كما ذكر

في عهد القديم (أشعيا النبي - ((Isaia)) على يدي أشعيا)) قبل

العالم القديم تمتد الى 7000 سنة التي كانت موجودة 2.600 سنة

* مدينة نوهادرا: هي لب وقلب موطن الآشوريين تاريخي

التي تمتد من مدينة نينوى الى نوهادرا في مدينة دهوك

* هجرة القصري الى الآشوريين في السنوات التالية:-

1915 من هكاري. 1933 في سيميل. 1969 في صوريا. 2010 السيما لبنان

2014 غزو داعش الى نينوى وسنجار

(1.1)

The first the Real Vision I So
the Angel tookme
Up far Was Deep
in the Heaven in the Dark

In 1977 on Dec* I Came to America I came IlLegal to U*S*A* With No permisson to Stay in Country ((I have No Unemployment Authorization)) to Work in the U.S.A & I Was So in Warried! Because I Was Illegal and I Was So depressed With No paper of Work and I Was So Scared to Not deport me out the U.S.A. ((from my Deppression) the first I Come to U.S.A. I come to New York & I Stay one Night & Then I Went to chicago to my Cousin & the Relative House Janet & Lázar my (cousin) and his mother & his Brothers & his sister; on that time I will I thanks them So much to Let me Stay in there Reant house at the cLarement st at chicago ILL; (City and state), and then I moved to Other Cousin (relative) EdWard MattheW ((Houm at the Same City chicago the street at the Night of 1978 I Went to sleep in my Bed I Was So Depressed and So in Warried and So in fear (Because I Have No permisson to Work & to Stay in U.S.A and I Was Scared from I Was ILLegaL in the U*S*A* When I put my head on my pillow ((my Bed it was in kitchen...)) & I start Breathing not Good and Not Normal (Very hard - Breathing I can Not Breath Good; and then Suddenly I hear the Voice of the Angel Above me in the dark Room and the Angel Said to me Come and follow me Up and that time my Spirit Deport from my Soul What Ever the Angel

Continue from page (1.c)

Continue the Real Vision What Ever Angel Said it to me I Was following the Voice the Angel But I Cannot See ham I Was Just folloWin his Voice and my Spirit Was flying and flying in Deep of Dark Heaven and my Spirit continue folloWing the Angel Voice; Suddenly the Angel Said it to my Stop and look Above you I saw the White Wall Above my head; Suddenly the White Wall start opening the Wall As the White Wall door I saw three peopl sitting As Whit and Bright I cannot Seperate there body from the Bright Light reflecting on my Eye from there Brights and the Angel Said to me and Said Do you know (them) the one in the middel I Said I Donnot No; and he Said to me he is the mighty Lord God and then the Angel Continue Saying the Angel to me Do you know the one Settnon his Right Side & I Said No to Angel and Said to me he is the Jesuse; and he Continue Saying Do you know on the Left Side; she is Virgin Mary and the Angel Stop Asking me the Question and then the Angel telling me and Sayid to me follow me and Repeat Saying follow me different direction this Way Down and come and I follow me & Said to m Look Down there? and Sayid to me Do you know What that I Said No ((it Was Like hell to me)) But I Answered the Angel I Dont No What that; and he Said to me the Hell ((it Was So Big you can't Imagine How Big It Was)) and the Angel Said to me; Come and follow me and I follow the Angel and the Angel Said to me

continue from page.

the Angel Said to me I'm not Takin you Now With me
I Will Bring you not with me ; I Will get you
Back from Where I took you ; I Will get you
There and than Angel told me follow me ; and
my Spirit starting going down and then I Start see
to See my Body Laying on my Bed and then
the Angel I heard the Voice of Angel and saying
go his Spirit to his Soul Again ; Amen ; Truth
Trust my Words I SaW the Vision آمين . بالصدق
The Vision I So and I Was Truly ALL What
I So is it Was All Vision is Right in his Grace
ALL document and All Word is the truth
الحق Amen آمين

The View I Sa at the first Vision the Angel ShoW it to
me Like This picture BeloW

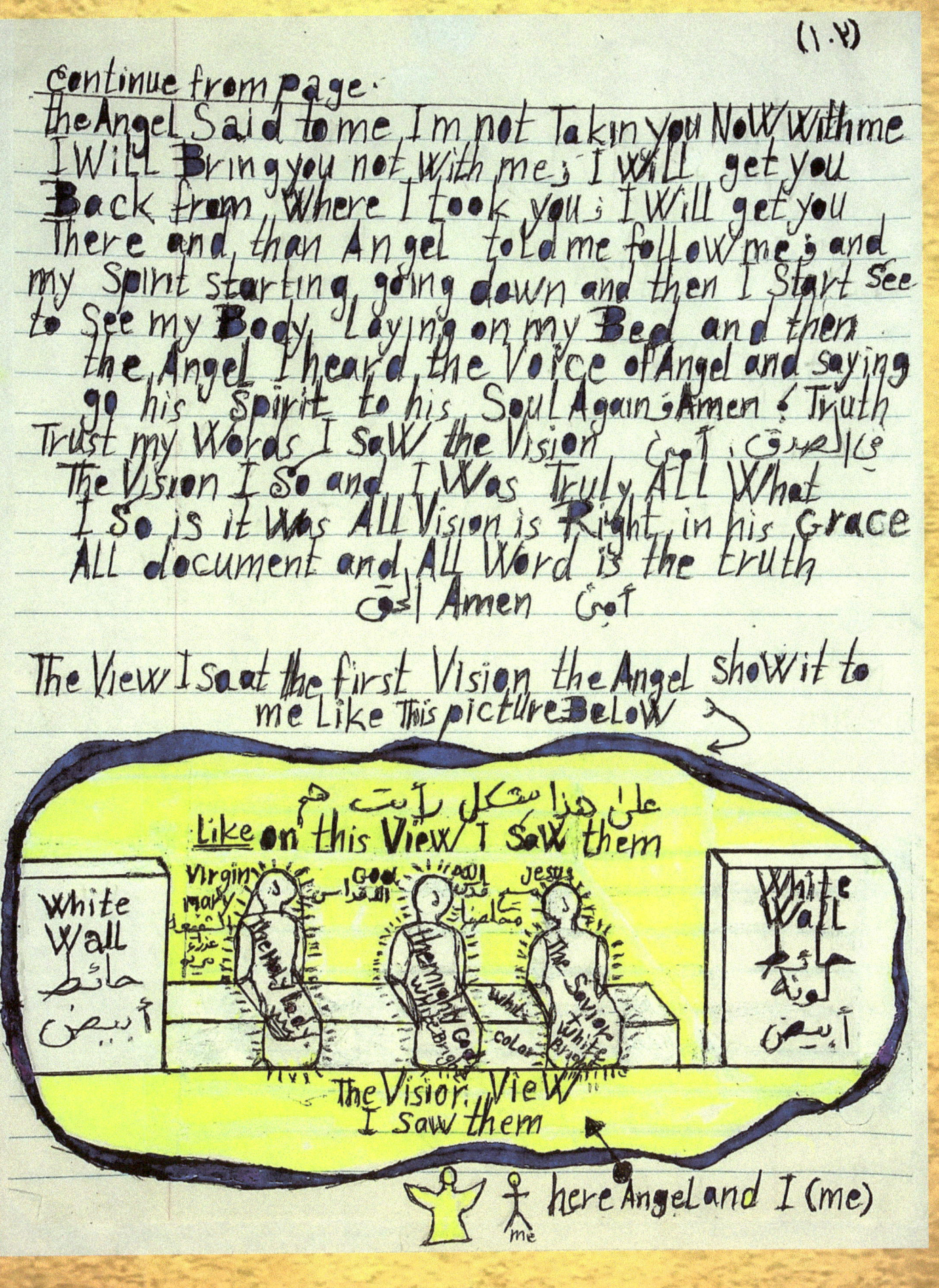

١٠٤

Continue from page 80

Important Notic and Message to All mankind Amen

* I Believe in GOD more then Seed of Muster
* I Do Believ in GOD and the Reality Not in the Wishing that you; that you thinking for Impossible Not Will Not Happen Again Just by Chance if it Happen
* We Boring to Die We Never Boring to Survive,
* I Donnot Care If I Survive Longer or short Life
* What Ever the mighty lord Giving me I Will Accpted I Will Glorify him What Ever I get from him.

(١٠٥)

(2)- Second Vision the Angel showit to me

الرؤية الثانية ملاك الذي أراها لي

At Our Rent Hous mounthly 1.500 With three Bedrooms Hous at 2098 Texas Way Sanmateo ((I Sheare With my Brothers; Antoine and Leo We divide the Rent Among Us for Rent $1,500

في البيت المؤجر أجاره الشهري
المنقسم على ثلاثة أخوة: أنطوان وليو وأنا للإيجار على
مع بعضنا في مدينة سان متيو في شارع تكسس وي
نعيش مع البعض ومن بعدها إمنا وأخواتنا

At one Night of Winter in the year 1996 I Went to my Bedroom to sLeep When in my Deep SLeep; the Same Voice I head suddenly in my Drem the Angel Said to me Come With me and follow me and the I follow him

في ليلة من الشتاء في سنة 1996 حين ذهابي كي
أنام حيث ذهبت إلى غرفة النوم كي أنام حين
أغرقني في منامي في النوم العميق قد جاء ملاك الرب
ويقول لي أتبعني وسألته إلى أين ثم قال لي تعال معي واتبعني
معي كنت أتبع صوت الملاك

and I heard the Voice

and I heard the Voice of Angel Saying to me come and folloW me As I Sayid to you and I asked him? Wher, and he Said to me Come follow me

وبدأت أتبع صوته إلى أعالي في طبقة السماء وبعدها
قال لي الملاك أنظر إلى أعلى فوق فوق رأسك وأنظر
على هذا المشهد؟ هذا المشهد البيت سوف يكون البيت
البيت بيتك وسكون هناك حسب أراني الملاك هذا
هذه الرؤية لقد رأيت الرؤيا البيت العتيق قديم من البعيد
من نظري على طراز قديم ومن حوله زهور أبيض على شكل دائري
زهور الجنبر البيضاء حول هذا البيت القديم كما رأيته ورأيته
عيني من الرؤية أنا أقول لكم الحق وصحيح أمين من هذه

(١٠٦) تكملة
الرؤية الجميلة كانت لي

And the Angel sayid it, follow me Highest and the Suddenly the Angel Stop and Said Come Look Above your Head, and Look that View that House Will be yours House; and the Angel show it to me from far of me It was the Vision of the Hous A old House far from me; and the round the House Flowers Lik Circle Way; With White Roses flowers Round the old House; How my eyes Saw the Vision View in my Drem I Said to You All What the Vision I saw is Right and the Truth Amen

كل وهذا المشهد الذي رأيته في الرؤية في منامي على
هذا الشكل الحق والله هو شاهد وحكيم. آمين

Like that How I saw the Vision in My Drem

دونه هذه السطر
في يوم أربعاء
June : 5 - 2024 الصادف

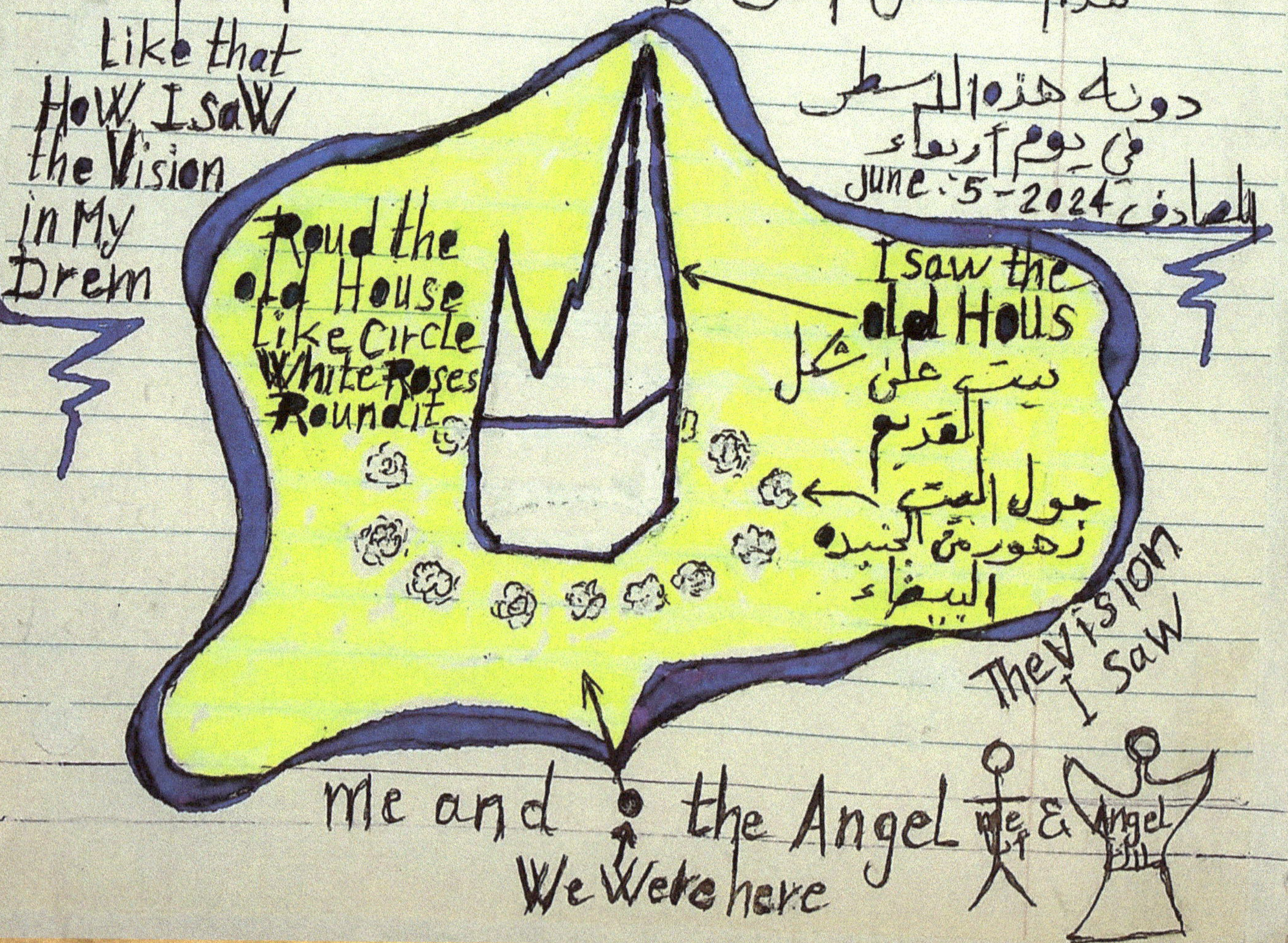

Roud the old House Like Circle White Roses Round it
I saw the old Houls
بيت على شكل القديم
حول البيت زهور من الجنبذ البيضاء
The Vision I saw
me and the Angel
We Were here
me & Angel

(١٠٧)

من أقوال الحكيم جوزيف أيشو كريم بك مواليد بغداد

* كما في اعتقادي وتحليلي ليس كل جسد الإنسان يبدأ في الضعف
وانحلال حيث نبدأ خلايا الجسد بالضعف تدريجياً حين
بلوغ السن الستين وما فوق (70) في مقالي هذا حين وصول
الشيخوخة للإنسان يبني نفسه على بوابة قبور ساحة الدفن أو القبر
في بحث له مكان كي يريح نفسه ؛ أي جسده حضر له كي يريح نفسه

* حسب في اعتقادي : لماذا الرب عمل الشيطان كالحية أو أفعى
ملاك الساقط (Lucifer) في اعتقادي هذا أمر إلى إبليس لأنه
أخذ منه (الشيطان) التحويل أي لا يملك أي إرادة أو صلاحية أو السلطة
وقطع أو بتر رجليه ويديه وجناحيه كي لا يقدر أن يمشي أو يطير أو يعمل
في أيديه أي شيء حيث قطع أو بتر كل الأشياء منه وأخذ التحويل منه
كالرئيس الملائكة حيث أخذ منه كل السلطة صلاحية رئيس الملائكة حيث عمله
كالأفعى أو حية فقط يملك رئيس ؛ رئاسة هذا هو اعتقادي
لإبليس : معنى الإبليس في كلمة يونان الكذاب كما يدعون يونانيون

* أعزائي عندما نخرج أرواحنا من أجسادنا حين خروجها من جسد أنها
لا تملك المعرفة كل معرفة الأشياء ؛ فقط أشياء الصالحة لأنها لا تملك أشياء
الرديئة غير الصالحة لأن روح هي نفس الروح الله اللطيفة الذي
نفخ في الإنسان (أدم) (Adam) لذلك أقول وأكرر لكم الروح حين مغادرتها
الجسد الجسم الإنسان فقط تملك أشياء صالحة من المعرفة

* مهما تريد أن تخلص من عدوك أو ضدك الكراهية لا في
طريقة أنت تريد أن تخلص منه أي الطريقة اللاأخلاقية مثلاً في تمثيل
في جسده أو عمل أشياء غير جيدة لائقة أو إهانتك له ! هذا جداً غلط وغير
لائق اللاأخلاقية دائماً أذكر محبة الله لنا ومحبة يسوع لنا كما قال
مخلصنا أحب إلى أعدائكم ؛ أي في تحليلي الفكري أو الاختلاف فيما
بينكم أفهموا وتقاربوا مع البعض كما في كل أحوال وتصالحوا مع البعض كما
قال الرب ومخلصنا أحبوا بعضكم أعزائي يا بني البشر لأن أدم أو حواء
ليسوع غير يلدوا وأنما نفس نسلك ؛ كما تحب نفسك وتحترم لنفسك أعمل
إلى كل بني البشر لأن بني البشر مثل ما تملك ! أنهم يملكون الشرف
والكرامة والأخلاق لا تتعامل الأشياء لا أخلاقية لأنه من نسلك أدم

* الرب قدس الأقداس هو حنون، وغفور، ورحيم ورحمن وعليم،
وحكيم وحليم أنه وحقاني لأنه محب بني البشر، لماذا أعطى الله
الوصايا الله العشرة إلى موسى النبي كي لا نصبح أذى
حقاني يحب ويعطف كل من خليقته، إذا رجعنا له بادعين كي يغفر لنا
أنظر وعرف كيف غفر الى مريم المجدلية وشاول، ونحن نخطئ والى أخره
* الله يعرف كل شيء فينا وهو موجود في كل مكان الأرض لأنه
روح الله ترفرف وتطوف وعائمة فوق كل الأشياء الذي خلقه
كمثال: إذا أخذت حوض أو وعاء كبير ونضع ماء فيه ونضع
الأحجار وكل الأشياء في حوض الماء أو وعاء سوف الماء سوف يدخل
سيغطي ويدخل الماء في الصخور والأشياء الله مثل الماء الذي يدخل
في الصخور وفي كل أشياء الذي خلقه الله فوق وفي الداخل، مثلا لقد
ذكر في كتابه المقدس حين سأل الرب الى قاين أين أخوك، وكيف رب
عرف ذلك، كما قال لموسى أنظر الى شعبك بدأوا يعبدون
العجل وكيف عرف الى هذا؟ عندما قدموا كالتقديم الى الرب
أولاد هارون أخو النبي موسى في تقدمتهم غلطة، تقدمته غلط الى الله
وماذا عمل لهم عندما أرسل من سماء النار وأحرقتهم، وهو في عرشه، وكيف عرف
الرب أن ينزل روح ابنه من مريم العذراء الطاهرة بطن، إذا تفحصت من
في قراءة الكتاب المقدس العهد القديم فسوف تجد الأشياء
كثيرة التي عملها من عظمته، يا أعزائي الرب يقدر أن يدخل
في جسدك وداخلك، إذا كنت على وفي بعدك أو قريب عنك
كما ذكرت في مقالاتي وعبري وعباراتي حول عظمته أنه يعرف ويعلم كافة الأشياء
وهو أبو صانعها ويعرف ما هو الجيد وغير الجيد. الله روحه في
كل مكان صدقوني من أعالي وأعلى وأسفل منك وفي داخلك ومهما أن تريد أن
وأن تهرب منه وفي حقيقة هو في كل أتجاهات والأماكن موجود
وفي عقلك وجسدك وفي كل زاوية من مكان وكل روحه العظيمة
هو أعلى من كل الأشياء خليقته وروحه ترفرف في أعلى كل الكون
والأرض والكواكب والمياه وفي كل جوانبك لأن روح الله
هي طائفة والعائمة والمرفرفة فوق الكون وكل الأشياء
sun June.9-2024.04:04 AM كاتب والمدون: جوزيف إيشو كيكايك

(١٠٩)

الحلم الذي رأيته

لقد ذهبت إلى النوم متأخراً من الصباح الجمعة
دائماً أذهب إلى فراشي متأخراً Fri الجمعة صباح 5:00AM
الفائق من الساعة المنتصف الليل حتى اليوم التالي
من نوع الشروق الشمس لأني في انشغالي من
تأليف الكتب كي انتهيت من كتابه وتأليف الكتابي الجديد
الجزء الثاني (2) لكتاب كتابي Notice Book Short History
نداء الرب لي Call from lord For me part 2.
دائماً أذهب إلى النوم متأخر من الليل اليوم التالي من
الصباح المبكر لذهابي إلى الفراش صلاتي قبل النوم
(إني أصلي دائماً إلى كل نبي البشر لا نفرق بينهم ودعائي إلى رب العالمين
والى العائلة المقدسة حتى من انتهائي لمن صلاتي لجميع
كانت من صبحت ساعة متأخر من الليل يوم Fri الجمعة
الليل يوم التالي صباحاً كما ذكرت يوم الجمعة الساعة
خامسة (5:00 AM) صباحاً وأنا حين ذلك ومن ثم أنهض كل
ساعتين تقريباً من النوم كي أشرب كأس قدح مملوء من الماء أو عصير
كرسيكا التي تشتريه لي زوجتي العزيزة ماسكي أكرر أنه جيد
لتصفية الكلية (كليتين) (فإنهما جداً ضعيفة الكليتين) لم تعالجن
جيد لذلك دائماً تشتري لي (العصير الكرسيكا بدون سكر) ومن
كل ساعتين. حيث حين نهضت من نومي نهضته الصباح الظهر
الساعة ١١:٠٠ وذهبت من بعد ذهابي إلى
النوم (فراشي) كما ذكرت كل ساعتين تقريباً أشرب الماء وأذهب
إلى حمام (لأني مصاب بالمرض السكر الدرجة الثانية
(مدة عشرة هذا المرض) وحين انتهائي من الشرب وذهابي إلى
الحمام لقد ذهبت إلى فراشي كي أنام، حين أغراقي في نومي حلمت أدواد
بالوالدة المرحومة والدتي رحمها الله وأدخلها من فسيح جناته آمين
إذ أتي تقول لي والدتي المرحومة سوف آخذك أنا بنفسي
معي سويةً إلى دكتور كي يعالجك الدكتور هو الذي يعالجك

حين قالت لي المرحومة أمي رحمها الله تعال معي إلى
الدكتور حين ذهابي مع والدتي كي نصحبني إلى
دكتور أختفت من المكان من النظر حينئذٍ وحسبت
بدأت أنا بالنفس أبحث وأفتش عنها ولم أراها ولم أجدها
في طريقي حيث وصلت إلى نهر دجلة لوحدي بدون والدتي إلى
النهر دجلة عندما نظرت إلى النهر وجدته جاف لا مياه تجري فيه
ونظرت إلى نهر حيث تألمت من هذا المنظر جاف بدون مياه
وفي الصدفة رأيت رجل واقف هناك وقلت له ماذا حدث
فيها إلى هذا النهر ثم قال لي لقد قطعوا الفئات من ليان المياه
وعنه وبدأ يتفوه بالكلمات واللعنات الفئات الذين عملوا هكذا
على هذا النهر نهر الدجلة في العراق لأنه عملوا على جفافه

تحليلي لهذا الحلم يا ترى هل تحليلي صحيح أو خاطئ

قد الرب يريني هذا الحلم معنى نهر الدجلة جاف فيه المياه
معنى الرب يشائني بأن حياتي سوف تنتهي من وجود على
الأرض (تحليلي الكليتين أنهما لا تعمل جيد ولا تصفي الدم في الجسد
الدم هو الحياة من آدم كما ذكر الرب في كتابه المقدس دمك
هو حياتك) لأن الكلى لا تقدر أن تصفي الدم وأعطاء
الأوكسجين كافي إلى أعضاء والخلايا الجسم هذا هو
تفسيري. الحلم قد يعني الحلم الذي رأيته معنى هذا حياتي
أنها قصرت من نهاية عمري إلى سأواجه الرب كما في اعتقادي
الروح سوف ترجع إلى نافخها صاحب الروح القدسية
الذي خلق كل المخلوقات في أنواعها وأعطى الحياة بها من
روح والحياة الجسد التي تحس كل مخلوقاته على
الأرض. مدون والكاتب الذكرى والملاحظة ما جرى في حلمي
المدون جوزيف إيشوعي بك مواليد بغداد العراق
بلد الحضارات والجنة الذي خلق الرب من هناك عام

FRI. JUNE - 7 - 2024

يوم الجمعة شهر الحزيران ٧ ، ٢٠٢٤

* إشارة راديو من السماء بتتكرر كل 54 دقيقة
* كيف اكتشف العلماء أيضا نجم نيتروني؟
* النجوم النيترونية والأقزام البيضاء سريعة شياطين في الفضاء.
* النجم النيتروني بيتكون من تي ليونات النيترونية اللي ممكن في
كرة صغيرة.
* النجوم النيترونية بيشع أو بتبعث منها موجات الراديو بيتكون
دايما النجوم متطرفة ومتطرفة بقصد هنا نقصدها ستنبرز أنها
بتدور بسرعات عالية وتصدر إشارات كل ثانية أو أقل أو أكثر
يعني دايما بتدور بسرعة كبيرة في الثانية إنما النجم نيتروني
مفترض تصدر الإشارات مرة كل ساعة والشيء غير المتوقع
* بالعلم المحب للمعرفة هل فعلا كل النجوم النيترون تصدر موجات
راديو وأي الفرق بين النجوم النيترونية والنجوم النابضة
* النجوم النيترونية والأقزام البيضاء سريعة شياطين الفضاء.
* النجم النيتروني بيتكون من تي ليونات النيترونات اللي ممكن
تنضغط في كرة صغيرة كتلتها قد كتلة الشمس مرتين ونص بس
تخيل حجمها قد أي حجمها مثل مدينة صغيرة هنا كتلتها قد
كتلة الشمس مرة ونصف تخيل حجمها قد حجمها قد مدينة صغيرة
هنا على كوكبنا الأرض 10 أي متر تقريبا النجوم النيترونية
بتتشكل في أعقاب انفجار النجوم النيترونية بالسوبرنوفا لما
بينفذ الوقود النووي للنجم المنهار بيتم ضغط المتبقي من النجم المنهار
في حجم صغير مثل ما قلنا ويتم النجوم النيترونية هي مع التك المغناطيسية
قوته بشكل غير عادي وبترسل تيارات
في الفضاء على طول أقطابها النجوم النابضة
هي من نوع أنواع النجوم النيترونية
التي تدور حول محورها بشكل السريع جدا
والتي بتصنع بسبب الدوران السريع مثل
الإشارات الراديوية النابضة التي نتكلم عنها

التي نتكلم عنها اليوم سيغرب تقريبا مسافة 16000 سنة
16 ألف ضوئية ضوئية لغاية ما وصلت هنا الى الارض

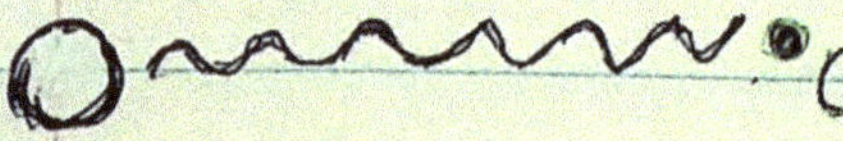
أرض

أنطلقت 16000 سنة ووصلت الان بتشير طبيعة الأشعاعات الرصوية مع معدل تغير معدل الدوران الجرم الفلكي هي أقرب يكون نجم نيوتروني لكل الباحثين مما يعطي وأنه يكون مجال مغناطيسي قوي جدا من النجوم أقزام بيضاء هي عبارة على مسافة قريبة منا وكونها مجال مغناطيسي قوي مثل هذه النجوم الأقزام هي فترة من حياة النجوم بالتحديد نهاية حياة النجوم التي تشبه شمسنا قزم ابيض بمثابة جمرة كونية نجم الذي لنجم محترق أستنفد وقود النووي الأقزام البيضاء النجوم

* أن حقيقة الاشارة التي تتكرر بهذه الفترة أمر غير عادي وغير طبيعي

* النجم النيتروني يبعث أشارات راديو كل 54 دقيقة ويبعث ويبعث كذلك أنبعاثات مختلفة وثلاثة حالات الاولى نبضة راديو كل 10 الى 50 ثانية ونبضة ثانية أضعف بمقدار 26 ثانية مرة كل 370 ملي ثانية وفترة ثانية أو ثالثة من الهدوء

* النجم الذي يدور ببطء ويشير الى أنه نجم مغناطيسي أقدم بالتالي مجاله المغناطيسي أضعف من أنه أنتج نبضات وموجات الراديو وبالرغم هذا ما زال على قيد الحياة وينتج طاقة وموجات مضيئة على أبعد 15000 سنة ضوئية نجم مغناطيسي يصدر كل 22 دقيقة وتم رصدها من 34 سنة وتحديدا في سنة 1988 تم كشف عنها وأكتشافها لان السنة التي فاتت بالتالي هذا النجم يعطي قصتنا اليوم فئة من النجوم نابضة غريبة مدهشة بالنسبة للفريق البحثي ومفاجأة ما كانت متخيلة ظهر في المخطط أجراها تلسكوب الراديوي عملاق في هند وكان يرصد موجود في أرضها مصفوفة وفي أمريكا،

* النجوم النابضة البولزات
لعلم الفلك وبالأخص علم الفلك الراديوي العلماء كانوا محظوظين
أنهم يكتشفوا خلال السنين التي ما تعدو نجوم نابضين يصدروا
نبضات طويلة مثل وهي دليل على أن يا أجرام فلكية نابضة ممكن
تكون مرشحة أنها تكون نجوم مغناطيسية نابضة قديمة العمر تصدر
نبضات غريبة مثل لم يكون نجم نيوتروني مغناطيسي نابض فهو يكون
مفاجئة كبيرة يبقى قزم ابيض الآن يمتلك لا نهاية عمرها سيكون
قزم أبيض قزم أبيض مقترح يملك مجال مغناطيسي قوي غير مسبوق
أو حتى ممكن يكون نظام ثنائي من نجم نيوتروني أو قزم أبيض أي
ما كان فالكشف الجديد هو مهم جداً في مجال علم الفلك الراديوي
هو أصبح يتقدم جداً خلال السنة التي فاتت وبالتحديد بناء
تلسكوبات راديو فائقة القوة نجم نيوتروني مقترح أعرف 3000 نجم
نيوتروني تم رصدهم قبل هذا يصدر نبضات راديوية قوية بل
نبضات راديوية قوية بل ونبضات تصدر مثل ثانية مثل ما يرصد
قبل هذا.

Notes
Important
From me
From: Joseph.E.BahriBek
TO: ALL Human bean
* I Don't 100/100 From 100/100
Believe in U.F.O
((Unidentifed Flying Object)) and
* لا أصدق في الأجسام الطائرة المجهولة.
* IDont Believe there
No ALiens and Idiot & Superstition.
* لا أصدق في وجود
* There is No Another Life in
Cosmos - Univers - Space and
* لا توجد حياة أخرى في الكون والفضاء
* Any Wher Except
in your Brain and
in your thinking
Wrong Idea
وأي مكان فقط في دماغك وفكرك
Joseph. Eshoo
BahriBek
July. 2024
✝

جبل قاف
ما حقيقته
واين توجد الارض السبع
وماذا يوجد خلفه

الحقائق المفاجأة عن يأجوج ومأجوج

في جبل قاف: ما يروى من قبل

الكاتب والمدون: جوزيف إيشو عجي بك

2024

جبل قاف

في الزمان غير هذا الزمان ومكان بعيد عن هذا المكان

ذكر القدماء جبلاً لكن ليس ككل الجبال

فهو جبل يحجب السموات والأرض عرف بعدة أسماء
مومس وسومل؟ وأخيرا في الإسلام هناك من قال عنه
جبل قاف! المذكور في القرآن (المصحف) في بداية سورة ق.

هل حقا هناك جبل أسمه قاف؟

هل حقا هناك جبل أسمه قاف ذُكر في المصحف؟

وأين هو الآن على الأرض؟

ولماذا لم نسمع عنه في خرائطنا وكتبنا من قبل؟

وما من وراء اخفائه من على خرائط العالم اليوم؟

وهل هو حقا موطن يأجوج ومأجوج؟!

هذا ما نعرفه عليكم من هذا

تدبر وتفكر اليوم من قصة جبل القاف في جميع الحضارات
الغابرة.

وأين هو في يومنا هذا؟

ولكن قبل ان نبدأ المعلومات هذه؟

جبل قاف هو جبل عجيب مليء بالأسرار والألغاز أثار
جدلا واسعا على مر التاريخ! أختلفت تسميته وأساطيره
بالأختلاف الحضارات والأزمنة فهو جبل موجود في كل طائفة
أو أمكن أو يمكن القول ولكن أختفت ملامحه تماما من
الخرائط أو العالم الحديث فقد نسجت الكثير من الأساطير
عن هذا الجبل المقدس (كما يدعون) لذلك سنبحث
معكم في الصفحات التاريخ لنفهم قصته يجب نبدأ من
الخرائط العالم الحديث اليوم أذا دققنا النظر معا فيها
سنرى القطب الشمالي متجمدا وسنرى جليا

تكملة جبل قاف

وسنرى جليداً يكتسح المكان من كل حدب وصوب،

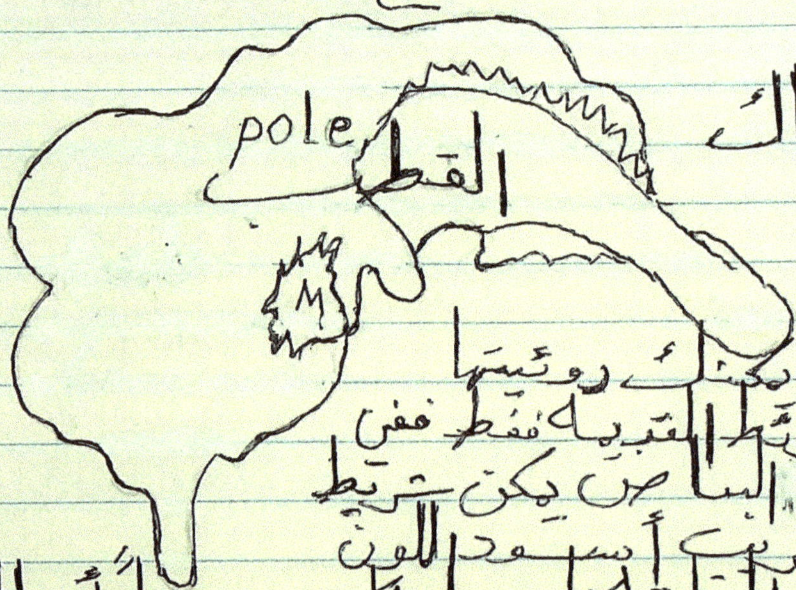

ولكن هناك
قطعة من
الأرض
مفقودة
لا يمكن ولا يمكنك رؤيتها
إلا في الخرائط القديمة فقط ففي
مركز هذا البياض يكمن شريط
صخري غريب أسود اللون
عرفت هذه المنطقة السوداء الكبيرة قديماً أو بالأحرى هذا
الجبل باسم جبل مومير العظيم والذي تم إخفاؤه من الخرائط
العالم الحديث كلها عن عمد بهدف مسحه من الذاكرة البشرية
إلا أن العديد من الخرائط القديمة كشفت ملامح هذا
الجبل ما هو الجبل؟
وما قصته؟ ولماذا تم إخفاؤه عن عمد من الخرائط العالم
الحديثة في الحقيقة لكن لكي نعرف قصة هذا الجبل
الأسطوري بالتفصيل ومن أين جاء ذكره؛ علينا أن نعود
في الزمن إلى الوراء قليلاً في العصور الوسطى وبالتحديد
إلى العصر الإغريقي ((يونان)) أحد أقدم العصور على وجه
الأرض، كان الإغريق يؤمنون بوجود جبل عظيم في منتصف
الكرة الأرضية أطلقوا عليه إسم الميرو العظيم وكانوا
يؤمنون بأن هذا الجبل هو مركز الأرض وأصل الوجود
المطلق ويحيط به أربع القارات على شكل دائرة يتخللها
4 أنهار ومحيط، وبحسب معتقداتهم أن الإله الأكبر
سيوس، يسكن هناك على على قمة الجبل المقدس

تكملة جبل قاف

الجبل المقدس في قصره مكان مليئ بالجنان ومن ثم يدير
شؤون الكون وهذا الاعتقاد لم يكن لدى الاغريق فقط فلو
تقدمنا بالزمن قليلاً وبالتحديد الى العقيدة الهندوسية القديمة
سنجد رواية اخرى وحكاية اخرى كانوا يؤمنون بوجود جبل
سوميرو فهو بحسب اعتقادهم جبل من الذهب الخالص يصل
أرتفاعه الى ما يفوق 1000,000 كيلو متراً (مليون) يكمن في مركز
الارض وتصل قمته الى الجنان العليا وفي نفس الوقت يتجذر
داخل الارض ليصل الى مستويات الجحيم السفلى كانوا يؤمنون
ان هذا هذا الجبل المقدس هو مركز الارض واصل الكون وأن
الشمس والقمر يدوران حوله، وفي هذا الجبل المقدس يسكن
الاله الاكبر وفي هذا ثم يدير شؤون الكون أيضا فهنالك هذا
يشبه تماما ما ذكر عند الاغريق اليونان فهو كان جوهراً
رئيسياً لوجود الكون في معتقدات الهندوس، وكانوا يقدسونه
جداً لدرجة أنهم كانوا يبنون له المعابد كتمثيل رمزهم لهذا الجبل
مثل كان الهندوس مثل جونايين القدماء الأغريق يؤمنون بوجود
سكان يعيشون داخل هذا الجبل بطبيعة بشر وهذا ما وجد في
الكتب المقدسة لديهم وهذا ما وجد خاصة في النص يعود
عمره الى ستة الاف عام والذي يؤكد بوجود الناس هناك
كانوا في الاصل على هذه الارض التي نحن عليها الان لكنهم
هربوا من الفساد الارض وكوارثها ولجوءا الى سوميرو
فيها موطنا عظيما يعيشون فيه والعجيب من هذا كله انهم
وجدوا في تلك الكتب القديمة صور لحصون طائرة (الاصدق
في وجود الحصون الطائرة) (خرافات)، وبعض النصوص التي
تتحدث عن القدرات تلك الطائرة في المعارك الشرسة
وتصف قدرتها على الاختفاء وتدمير الطائرات الاخرى بكل
سهولة صادم اليس كذلك لكن السؤال يطرح نفسه الان

J * 9 * L

DONT BELIEVE In*U*E*O* No

كلا لا أؤمن في وجود صحون الطائره

J*E*B*ب*ن*ع*

STATE/NATION 7

THE DAILY JOURNAL Weekend · March 9-10, 2024

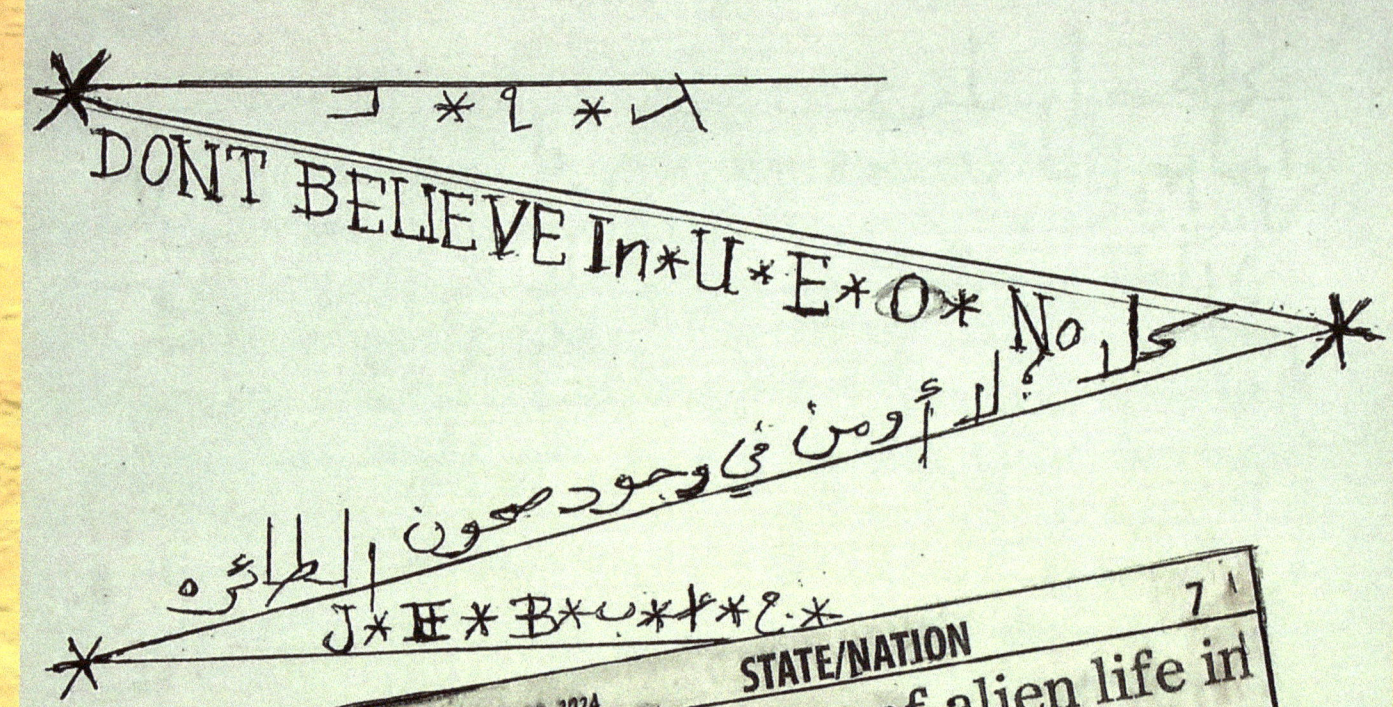

Pentagon study finds no sign of alien life in reported UFO sightings going back decades

By Eric Tucker
THE ASSOCIATED PRESS

REUTERS

The Pentagon in Washington, D.C.

WASHINGTON — A Pentagon study released Friday that examined reported sightings of UFOs over nearly the last century found no evidence of aliens or extraterrestrial intelligence, a conclusion consistent with past U.S. government efforts to assess the accuracy of claims that have captivated public attention for decades. The study from the Defense Department's All-domain Anomaly Resolution Office analyzed U.S. government investigations since 1945 of reported sightings of unidentified anomalous phenomena, more popularly known as UFOs. It found no evidence that any of them involved signs of alien life, or that the U.S. government and private companies had reverse-engineered extraterrestrial technology and had conspired to hide it from the public.

It dispelled claims, for instance, that a former CIA official had been involved in managing the movement of and experimentation on extraterrestrial technology and said a purported 1961 intelligence community document about the supposed extraterrestrial nature of UFOs was actually inauthentic.

"All investigative efforts, at all levels of classification, concluded that most sightings were ordinary objects and phenomena and the result of misidentification," said the report, which was mandated by Congress. Another volume of the report will be out later.

... have endeavored to find answers to legions of reported UFO sightings over the years, but so far have not identified any actual evidence of extraterrestrial life. A 2021 government report that reviewed 144 sightings of aircraft or other devices apparently flying at mysterious speeds or trajectories found no extraterrestrial links but drew few other conclusions and called for better data collection.

The issue received fresh attention last summer when a retired Air Force intelligence officer testified to Congress that the U.S. was concealing a longstanding program that retrieves and reverse engineers unidentified flying objects. The Pentagon has denied his claims, and said in late 2022 that a new Pentagon office set up to track reports of unidentified flying objects — the same one that released Friday's report — had received "several hundreds" of new repor[ts] but had found no evidence so far of alien life.

تكملة الجبل القاف

نفسه إلى الآن. كيف لبشر عاشوا في ذلك الوقت
أن يعرف أو يعرفوا الصحون الطائرة؟
فنحن إلى الآن لم نصل أو حتى نرى قبل هذه التقنيات

* هندوس رأوا هذا شكل من صحون الطائرة قبل 6000 عام
* ولماذا على هذا الشكل؟ قبل ميلاد ع
* قبل ب.

المتطورة. فكيف وصلت هذه إلى الكتب الهندوسية قبل 6 الاف سنة في الحقيقة لا أحد يعلم لكن ربما سيكون المستقبل كفيلا بتغيير ذلك الأمر والآن نصل إلى المفاجأة. كثير الكبرى الكثير منكم يدور في أذهانكم أن الجبل موجود ليس فقط ولكن أيضا في الأديان القديمة (الميثولوجيا) لا بل ارتبط أيضا موجود ارتباطا وثيقا بالقطب الشمالي. مما دفع العديد من النظريات التي تنص على وجود هذا الجبل فعلا في القطب الشمالي وتحديدا خلف الجبال الجليدية وهذا الجبل حسب أصحاب هذه النظرية يتحكم بمغناطيس الأرض وحركة الكواكب والنجوم وهذه النظرية ستأخذنا تباعا إلى الشعوب المستدامة التي تعيش بالقرب من تلك المنطقة لتخبرنا عن الحقيقة هذا الجبل المقدس (كما يعتقدون) وتعرض لنا سر اختفاء الفايكينك

115

سنشرح المعلومات المفصلة لكم يا أعزائي لطالما سمعنا كثيرا عن الشعب فايكينك تلك الشعب الدموية التي نشأت على حب المغامرة وخوض المصاعب والتي كانت تحلم بالخلود في أرض وادعة بالجنات والمياه العذبة ومن أمانيهم النائم

* الجواب: قد زارونا ولكن الآن يعرفون بما لك في تكنولوجيا الأرضية لذلك لم يعودوا مرة أخرى كي لا نهاجمهم في الحقيقة المتطورة لم علم في هذا لذلك لم يعودوا مرة أخرى..

تكملة جبل قاف

آمن بعض الناس بوجود عالم آخر داخل الأرض منهم
كانوا يعرفون بأنه نوع من العلاقة تربط
بين العوالم المختلفة تمتد داخل الأرض إلى الأرض
سابقة هي الأرض الأبدية، وتذكر واحدة هذه الأنهار
لأنها ستكون مع إحدى حكاياتنا: إذاً فإن جبل مومير
حسب اعتقاد الفايكينك كانت أرض ذات نعيم
دائم والتي يحيى فيها البشر في سكينة وهدوء وسلام
وهذا تقريباً اعتقده الهندوس ومن قبل اليونانيين
القدماء الإغريق لكن هل هذا اعتقاد صحيح والأهم من ذلك
هل هذا هو ما دفع الفايكينك إلى الرحيل وذهابا نحو
الشمال، بعد سماعهم عن تلك الأرض الأسطورية
(الجنة كما في اعتقادهم) في القطب وهي التي عبارة عن
جنة الأرض عوضا عن الأبدية دائما ما يحلمون بها
ولكن فور رحيلهم ووصولهم إلى المنتصف القطب
الشمالي، حدثت صدمة حيث مجاعة وبدون سابق
الإنذار اختفى الفايكينك عن بكرة أبيهم، ولم يبق منهم
ناقل خبر وتوجهت بعدها فرق عديدة من الفايكينك
إلى المكان نفسه للبحث عن أثرهم لكن لم يعد أحد
منهم أيضا، صادم البشر كذلك، ذلك صار مثل تلك
القصة هي ما دفع ضابط في البحرية الأمريكية تدعى
أرث في عام ألف وتسعمائة إلى السفر والبحث عنهم أو
على الأقل اكتشاف سبب اختفائهم فلما الى سقف
الإسكيمو هناك وعاش معهم فترة والذين أكدوا له
أن فايكينك توجهوا فعلا نحو الشمال بحثا عن الجنة التي
آمنوا بوجودها الإسكيمو لم يتجرؤوا على الذهاب
هناك خوفا من كائنات تسكنها فقرر أرث
بعد هذا الكلام العودة وعدم استكمال الرحلة لكن هل يا

تكملة الجبل القاف

هل ترى أحدهم لاحقا على الذهاب إلى هذه المنطقة
الغامضة ثم العودة ليخبرنا بالحقيقة نعم هنالك ضابط
من البحرية الأمريكية يدعى ريتشرد بيرد كان يتمتع بروح
المغامرة أو ربما نسميها نخوض بها من الجنون فقد قرر
ريتشرد نحو القطب الشمالي في رحلة أنتحارية وذلك
بعد اطلاعه على وثائق وخرائط القديمة تعود إلى القرون
الوسطى وما قبلها حيث أظهرت الخرائط أراضي غير موجودة
في الخرائط العالم الحديث ولكن صادم أنه ذكر بها جبل
موهبر العظيم والذي وصف بأنه جبل عملاق يقع في منتصف
القطب الشمالي فرأى في تلك الرحلة وما قصة هذه
الخرائط القديمة في الحقيقة هذا سأختصر القصة التفصيل
وذلك لعدم أتساع الوقت بذكرها عن تدوينها وأعود
إلى القصة من مذكرات ريتشرد بيرد لم تكن عادية فقد
تحدث فيها عن زيارته لجوف الأرض (المجوفات)) وأنه
رأى مدنا متطورة لربما على الأرض الغائبة وأغرب من
هذا كله هو مقابلته لكائنات وكيف أنه حظي بضيافة
كريمة مما دفع السلطات الأمريكية للتكتم على الأمر
((لم أصدق في هذه)) إلى يومنا هذا أيضا وهذا ما يأخذنا
بالتبعية إلى ما حدث بعد الحرب العالمية الثانية عندما اكتشف
الروس قاعدة سرية على جزيرة الكسندر لينر والتي تبعد 1kg
متر فقط عن القطب الشمالي والتي تعود للحقبة الألمانية
أي عندما كانت تلك المنطقة تحت سيطرة الدولة ألمانيا
أعلن الماني أن تلك المنطقة القاعدة هي محطة طقس تهدف
سنات الأعمال العسكرية بمعلومات دقيقة عن الطقس
لكن صادم والفريق بن هدف حقيقي تلك قاعدة
كان البحث عن الآثار القديمة التي يعتقد الألمان أنها تحمل
قوة خارقة والدليل على ذلك هو الاسم أطلقه الألمان على هذه

تكملة قاف الجبل

على هذه القاعده فقد أطلق عليها أسماء مشتقه كثيره ومعناه صياد الكنوز ولكن عن أي كنز يبحثون عن الحقيقه لا أحد يعلم لكن من معروف أنّ قطب شمالي كان بمثابه كنز دفين مدفون بالنسبه للألمان وبالأخص زعيمهم والذي كان يؤمن بأن الألمان ينحدرون من العرق الآري الذي كان يسكن أرض الشمال ويتفوق على البشر وهذا ما سأذكره في الفصل العرق الآري والذي ماذا عن الشرائع السماويه وبالتحديد الدين الإسلامي وماذا قالوا علماء الإسلاميه عن هذا الجبل العملاق والآن ننتقل إلى قصه جبل القاف؟ قاف والأرض السبعه (السبع) في الحقيقه يا عزيزي القارئ أنّ في الشرائع اليهوديه والمسيحيه يوجد عديد من الجبال المقدسه المذكوره في الكتب السماويه مثل جبل الصهيون لدى اليهوديه (اليهود) وجبل الزيتون لدى المسيحين لكن هذه الجبال ليست غامضه للبشريه بل هي موجوده بالفعل ويحج إليها الناس كل عام أما في دين الإسلامي فيوجد أيضا العديد من الجبال التي لها القدسيه خاصه مثل جبل عرفه في السعوديه وجبل الطور في سيناء مصر وغيرها الكثير لكن حديث هنا عن أمر مختلف تماماً

الحديث عن الجبل في قدسيته الخاصه وغامض سيصدمكم أمره وحقيقته ولكن ما وما أقصد بكلمة غامضه وغير معروفه المعرفة لم تراه ولم ترى عين البشر من قبل والذي تعددت حكايات والأساطير حول هذا الجبل وآثار الجدل والنقاشات على مر العصور والأجيال بين العلماء المسلمين من المذاهب والمراجع الدينيه فجبل جبل القاف بحسب حال الأساطير

تكملة القاف من صفحة

الأساطير فجبل قاف حسب الأساطير الأخرى
مثل مومبرو وسومي يقول أنه يقع على حافة الدنيا
محيط بالأرض بشكل كامل فقد ذكرت أغلب نصوص
القديمة في مختلف الحضارات العالم أن هنالك جبل
عظيما يحيط بالأرض أطلق عليه في النصوص العربية
والفارسية قاف ويتكون هذا الجبل من زبرجد أخضر
وقيل أن عليه أن عليه حملت السماء فارتفاعه مسيرة
خمسمائة عام وعلى هذا المنوال أستمر خلق السماء والأرض
لغاية والأراضين السبع وكل أرضا أحاط بها بحر
وجبل لغاية 7 أبحر ((البحور)) وجبال قال القرطبي في
تفسيره اختلف في معنى قاف قال أبن سيد وعكرمة
وضحاك هو جبل محيط في الأرض من زمردة خضراء
فمنه كان لون السماء وفيه أطراف السماء فهي عليه
مقببة وما أصاب ناس من الزبرجد كان مما تساقط
منه ثم أخرج عن وهب بن منبه وقال أشرف ذو القرنين
على هذا جبل قاف فرأى تحته جبال جبال صغيرة فقال
له من أنت قال أنا قاف فقال وما هذه الجبال حولك
قال هي عروقي وما من مدينة إلا وفيها عرق من عروقي
أراد الله أن يزلزل مدينة أمرني وحركت عرقا فزلزل
تلك الأرض فقال له ذو القرنين وقال يا قاف أخبرني
بشيء من عظمة الله فأجاد أن شأن ربنا لعظيم
وأن وراء أرضا مسيرة خمسة ((500)) عام سنة
في خمسمئة عام من جبال وثلوج يحيط بعضها بعضا
فلولاها فلولاها الاحترقت من حر جهنم ذكر قزويني
في كتابه عجائب المخلوقات وغرائب الموجودات
وقال قاف جبل محيط بالأرض من الزبرجد الأخضر ولون
السماء منه موكل عليه ملاك لا يعلم أحد ما يقع وراءه

تكملة في صفحة 99 ←

تكمله الجبل قاف صفحه ١٨

وراءه وأن كل جبل على كل الأرض أو في الدنيا
موكل عليه ملائكة لا يعلم أحد ما يقع وراءه وأن كل
جبل على الأرض أو في دنيانا وأن كل جبل على أرض أو في
الدنيا هو عرق من عروق جبل قاف فإذا أراد الله
أن يخسف بقوم أمر الله أن يحرك عرقا من عروق
ذلك الجبل. وتذكر الرواية ابن الوردي في كتابه خريدة
العجائب وفريدة الغرائب أن وراء هذا الجبل أيضا بيضاء
كالفضة فيها ملائكة شاخصة إلى العرش لا تعرف
الملك منهم من الذي جانبه أنهم قالوا قاف ذلك الذي
ذكر في القرآن وهو جبل محيط بجميع الأرض وتذكر رواية
نسبت لابن عباس ذكر فيها جبل قاف ولكن ليس
سند صحيح ولكن لا يجوز البت باعتبار من قاف بأنه
جبل قاف لأن قاف هي من حروف الهجاء في القرآن
الكريم مثل الم وص وطس وغيرها وإن أيات
القرآن على الهجاء هو أمر عظيم فالمراد بحرف قاف في سورة
قاف أمر لا نعلم تأويله إلا الله فلا يجوز فقول أنما ورد
في القرآن عن القاف هو جبل قاف في نفس الوقت
لا يمكننا نفي معنى والعلم كله عند ربنا خالقنا وعلى جانب
آخر شكك بعض العلماء كثيرا بأن قول عن
جبل قاف هو من خرافات بني إسرائيل روي عن بعض
السلف أنهم قالوا قاف جبل محيط بجميع الأرض وكان هذا
والله أعلم من خرافات بني إسرائيل التي أخذها عنهم
بعض الناس ثم أكمل قائلا إن هذه الرواية لا تصدق
ولكن في نفس الوقت قال لا تكذب وجاء في الدر منثور
رواية جبل قاف غير صحيحة لأنها نقلت عن روايات
الإسرائيلية فتلك الروايات فيها انقطاع وفيها تحريف

تكملة في صفحة ١٠٠
وشكرا

تكملة جبل قاف من صفحة

ومنها تحريف إما بالحذف أو إضافة أن أنباء تتقارض
من كتب الأولين بوجوده محسب وإما بالصفات التي
ذكرت عنه أو يقول أن سورة قاف هي أمر الله ولكنهم
لم يخلفوا بالبساط الأرض وبسطها حتى ابن كثير
الذي قال عنه أنه من خرافات بني إسرائيل قال في تفسيره
وإلى الأرض كيف سطحت أنها انبسطت ومدت ومهدت
فهي مبسوطة بخلق الله للبحر في أمر وتبيان من الخاطئ
في مكتبات بودليان البابوية بجامعة أكسفورد ببريطانيا
كان نصيبي بفضل الله الاطلاع على خريطة المحفوظة كنز
من كنوز العالم القديم للأدريسي مجموعة فيه العالم ومن
بحر محيط أحاطت به جبال أن تكتكا وخلف الجبال
جبل قاف يحيطها من كل اتجاه بالمشرق والمغرب
والجنوب والشمال وفي الإصدار ال 2 منها نظهر تفاصيل
أكثر وضوحاً لمعالم أرضنا بتحديد موقعين بما يكون خلفه
يأجوج ومأجوج من أقصى حافة الأرض إلى المحيط
الذي أحاطه جبل من كل اتجاه تنتقل إلى خريطة أخرى في
قرن 106 الميلادي للتي أنظر الجغرافية البطالمي عربا نوموني
كشفت خريطة الأرض محاطة بالبحر بجبل العظيم من
حولهم وفي خريطة القزويني نجد جبلا بالأرض يحيط بالأرض
من كل جوانب خلف البحر المحيط وفي كتاب المسالك
والممالك يظهر في خريطة الأرض محاطة بجبل ما بعد البحر
أن تكتيكا لكي لا نطيل عليكم فإن مجمل خرائط القديمة
لسطح الأرض على مستوى أحاطت به الجبال وأحواضها
البحار من كل مكان وأغلب جغرافيين مسلمين وعلى رأسهم أدريسي
وضع مكاني يأجوج ومأجوج على حافة الأرض ال 1
قرن أنترتيكا ومن هنا نجد أن أغلب الخرائط القديمة
لشرقي والعربي أظهر جبلاً عظيماً يطوق الأرض

تكملة في صفحة ١٢٦
وشكراً

تكملة جبل قاف من صفحة

وراء كما يطوق العقد الرقاب ولكن وصفه وأبعاده
مثل السلك بين الحقيقة والخيال فروايات تذكر طوله
بطول السماء والأخرى بعرض الآفاق وما أكد منها
أن خلفه أرض وبحار ومن بعدها أرض وبحار يقال له
7 أراضي و بحار فهو الفاصل بينهما وقيل غايته فيه
السماء أما ما روي عن المخلوقات والأمم وأقوام
تعيش وراءه على الأراضي الممتدة فكل ذلك في علم
الغيب. ولكن نلخص في الأمر والعلم ان أرض 7 أراضي
والسماء سبع سماوات كما أخبرت ومذكورة في
قرآن فالسماء طبقات ركبت على أراضي السبعة لا
يمكن النفوذ من أقطار السماء والأرض فالأرض محاطة
ببحر ومن وراء البحر جدار حلزوني كمحيط وعليه
مدن وأسوار وخلفه جبل مقيم يحيط الأرض كلها من
بحار والأقاليم كما يحيط بياض العين السوداء فتبارك
الله أحسن الخالقين أوله الأمر أن قال للشيء
كن فيكون ولله العلم من قبل ومن بعد ونقول سبحانك
لا علم لنا إلا ما علمتنا إنك أنت علام الغيوب
والله الخالق كل الكون بما وما لا نورى هو عارف
وعالم وعليم الحاكم في كل أمور خلقه. آمين

ملاحظة مهمة يا إخواني وأخواتي الأعزاء أني لا [illegible]

ج * ع * ب
خ * ع * ا
جوزف ايشو بحري بك
يوسف إيشو بحري بك
-2024-
-٢٠٢٤-

NOTICE BOOK
SHORT HISTORY